本书是全国教育科学规划教育部重点项目"基于典型
质评价新范式研究"（DSA240389）的研究成果

邵开泽——主编

中小学生综合素质评价的青羊实践

知识产权出版社
全国百佳图书出版单位
—北 京—

图书在版编目(CIP)数据

中小学生综合素质评价的青羊实践 / 邵开泽主编 . —北京：知识产权出版社，2024. 11.

ISBN 978-7-5130-9639-3

Ⅰ . G632.47

中国国家版本馆 CIP 数据核字第 2024Q9L782 号

内容提要

面对当前学生综合素质评价中存在的痛点、难点，成都市青羊区构建以"典型事件"为载体的评价体系，其过程包括"写实记录—整理遴选—公示审核—形成档案"，旨在发掘学生成长中的"典型事件"，赋予学生更大评价主权，推动从"筛选式"评价向"滋养型"评价的转变，强调学生的内在体验与全面成长。本书从理念视角针对学生综合素质评价作了系统的历史回顾、政策研究、文献研究、模式研究，从实践层面总结了成都市青羊区以"典型事件"为核心的学生综合素质评价体系的构建、实施及其成效。通过真实案例的深入分析，探讨了这一体系的示范作用与借鉴价值。

本书为区域中小学生综合素质评价改革的实践探索，可作为中小学管理人员、一线教师及高校相关研究人员参考用书。

责任编辑：许　波　　　　　　　　　　　　　　责任印制：孙婷婷

中小学生综合素质评价的青羊实践

ZHONG-XIAOXUESHENG ZONGHE SUZHI PINGJIA DE QINGYANG SHIJIAN

邵开泽　主编

出版发行：知识产权出版社 有限责任公司		网　　址：http://www.ipph.cn	
电　　话：010-82004826		http://www.laichushu.com	
社　　址：北京市海淀区气象路50号院		邮　　编：100081	
责编电话：010-82000860转8380		责编邮箱：xubo@cnipr.com	
发行电话：010-82000860转8101		发行传真：010-82000893	
印　　刷：北京建宏印刷有限公司		经　　销：新华书店、各大网上书店及相关专业书店	
开　　本：720mm×1000mm　1/16		印　　张：12	
版　　次：2024年11月第1版		印　　次：2024年11月第1次印刷	
字　　数：173千字		定　　价：68.00元	

ISBN 978-7-5130-9639-3

编委会

序　言

　　建设教育强国，基点在基础教育。基础教育搞得越扎实，教育强国步伐就越稳、后劲就越足。党的十八大以来，基础教育聚焦国家重大战略需求，深入贯彻落实立德树人根本任务，为国家重大战略急需人才和拔尖创新人才培养奠定了坚实基础。现阶段，基础教育扩优提质行动不断推进，义务教育优质均衡发展和城乡一体化效果显著，但深化基础教育综合改革仍存在一些短板弱项，面临一些新形势新问题，亟须深入基础教育一线，进一步探索路径、积累经验，发挥示范引领作用，不断夯实教育强国建设基点。

　　中国教育科学研究院在全国布局教育综合改革实验区，与地方政府一起进行中国特色区域教育综合改革探索。实验区坚持政策导向与区域创新相结合，坚持理论研究与实践探索相结合，从区域层面回应国家基础教育发展需求、引领基础教育一线创新，为区域推进教育改革、提升教育高质量发展发挥了重要作用。青羊实验区是中国教育科学研究院与成都市青羊区（以下简称"青羊区"）人民政府合作共建的实验区，经过十余年的院区共建，双方不断推动地方教育综合改革向纵深发展，培育孵化出一批具有典型性、示范性和在全国具有一定影响的改革成果。目前已是第三轮合作，主要以项目方式推进教育综合改革，并在教师专业发展、学生综合素质评价、区域教育绩效评价、课程课堂改革、心理教育等区域教育发展的"敏感因子"方面积极进行改革探索。

　　青羊实验区的这些改革成果具有创新价值及实践借鉴意义。如，将中国特有的教研机制作为中枢，高校、区域教育行政部门、区属中小学（幼儿园）作为共同体成员相互衔接、互为支撑，共同构建起一个全方位、多层次、立体化的教师教育体系；系统凝练了以"典型事件"为载体的学生综合素质评价体系，通过"写实记录—整理遴选—公示审核—形成档案"的过程，挖掘学生成长中"典型事件"的行为，记录内生体验，赋予学生更多评价主权；提出了"以文化人"育人导向，以"结构化教学"模式构建了多元化、多形式的小学语文课程实施的育人体系，独创了"题""点""线""面""体"的整体育人层级；从基于主题意义视角，探究单元整体教学的理解与实践，等等。本书为高质量育人的青羊实践丛书之一，该丛书正是其改革探索的特色梳理与凝练，具体包括《UGIS教师教育共同体》《中小学生综合素质评价的青羊实践》《以文化人的小学语文结构化教学》《主题意义引领的初中英语单元整体教学》。希望本书所呈现的青羊实验区在中国教育科学研究院与青羊区的合作中取得的改革成果和经验做法，能为其他区域教育改革提供有益参考和实践样本。

党的二十届三中全会进一步提出深化教育综合改革的战略布局。作为国家战略部署，教育强国建设需要众多区域层面的教育综合改革与创新来支撑。而且，基础教育的改革发展已进入深水区，仅仅依靠单主体、单项目、单频次的改革很难从根本上取得理想效果。我们期待有更多的地方政府、科研机构、一线学校协同加入基础教育综合改革行动之中，提升站位、放大格局，增强改革的系统性、整体性和协同性，共同促进区域基础教育的高水平创新、高效益改革、高质量发展，为建设教育强国，加快推进教育现代化提供有力支撑。

是为序。

中国教育科学研究院副院长

刘贵华

自　序

教育评价事关教育发展方向,只有抓好教育评价改革,才能将教育改革导向成功。学生综合素质评价作为拔尖创新人才培养的关键着力点,不仅是新一轮基础教育改革的突破口和切入点,也是推进各级各类学校贯彻落实立德树人根本任务的制度保障。2020年,《深化新时代教育评价改革总体方案》中明确要求"改革学生评价""完善综合素质评价体系""健全综合评价",以扭转不科学的评价导向、克服"五唯"顽瘴痼疾,提高教育治理能力和水平。

2002年以来,学生综合素质评价在基础教育领域已基本得到全面实施,国务院及教育部多次发布相关政策文件以推动和部署综合素质评价工作,信息技术的融入也不断推动综合素质评价在内容、形式和方法上的革新。但在其进一步深化实施,学生综合素质评价仍然面临着"变相应试教育观""工具主义素质观"与"外部评价观"等系列问题。在此背景下,本项目组研究和撰写的《中小学生综合素质评价的青羊实践》一书围绕"学生综合素质评价"这个重点议题进行系统的梳理和阐述,同时结合青羊区区域实践研究,详细介绍了基于典型事件的学生综合素质评价改革,兼具教育理论和区域实践创新。

一是剖析痛点和难点;学生综合素质评价作为发展素质教育、转变育人方式的重要制度,虽然各评价主体均认可国家政策内容,但是主体意识较为薄弱,评价理念片面、评价过程烦琐、评价系统效能不足、评价结果应用等方面都亟待完成"破题公关"。二是明晰体系构建;为解决学生综合素质评价的实践之困,青羊区以典型事件为核心,从构建思路、评价内容、评价方法、研究基础、保障机制等方面构建基于典型事件的学生综合素质评价体系。三是开展实践推进;创新形成以典型事件为依据,以标签为载体,以数据为支撑,以平台为工具的评价模式。四是总结典型经验;基于试点校的应用探索,促进基于典型事件的学生综合素质评价的落地。

《中小学生综合素质评价的青羊实践》兼顾理论性和操作性,结构合理、逻辑严密、观点新颖,充分结合智能技术对教育评价的赋能,探索形成了基于典型事件的学生综合素质评价实践路径。希望该书的出版能够为推动新时代基础教育改革,赋能学生综合素质评价系统性变革提供借鉴和参考。同时,也希望广大相关研究者和一线工作者能够在本书的基础上加强协作,共同推进我国学生综合素质评价改革创新。

成都市青羊区教育科学研究院　邵开泽

前　言

　　教育评价事关教育发展方向,事关教育强国成败。2020年中共中央、国务院印发《深化新时代教育评价改革总体方案》,在指导思想中鲜明指出要"系统推进教育评价改革,发展素质教育,引导全党全社会树立科学的教育发展观、人才成长观、选人用人观,推动构建服务全民终身学习的教育体系。"学生综合素质评价作为素质教育的一项制度,应当体现出"以人为本"的评价理念。在加快构建教育、科技、人才"三位一体"贯通联动格局的背景下,学生综合素质评价显得尤为重要。它旨在将考试的焦点从分数转移到学生本身,是对分数至上观念的反思和纠正,有助于推动中考、高考等选拔性考试从"选分"回归到"选人"的本质。

　　2011年,成都市青羊区成为中国教育评价改革的先行区之一,历经十余年的研究,逐步建立了体现素质教育要求、以学生发展为核心、科学多元的学生综合评价制度,切实扭转了单纯以学生学业考试成绩衡量学生发展的评价方式,凸显评价的人文性,加强对学生社会责任感、创新精神和实践能力的培养。本书是全国教育科学规划教育部重点项目"基于典型事件的学生综合素质评价新范式研究"(DSA240389)的研究成果,青羊区用科研的视角,将在学生综合素质评价方面的研究和实践成果进行整合,出版《中小学生综合素质评价的青羊实践》一书,借此为其他地区提供有益的经验和借鉴,共同推进区域教育评价改革,更好地服务学生全面发展和终身学习。

本书通过历史回顾、政策分析、文献综述及青羊区的实践案例,系统地探讨了学生综合素质评价的理论与实践,旨在为教育决策者、教育从业者及研究人员提供理论支持和实际操作指南。

第一章对学生综合素质评价的历史进行回顾,包括评价的起源与发展、实践误区、实践难题及实践取向。其目的是让读者深入了解学生综合素质评价的发展脉络和面临的挑战。第二章梳理了学生综合素质评价的政策研究框架,包括政策演进的历程与分析,以及未来政策走向的展望。通过阅读本章,读者可以全面了解中国教育评价政策的演变过程及其在中国教育发展中的角色与影响。第三章是学生综合素质评价的文献研究述评,深入探讨了学生综合素质评价的内涵、功能定位,以及在不同教育阶段的研究成果。这部分是为了系统梳理学术界对于综合素质评价理论与实践的探讨,为教育实施者和研究人员提供理论支持和参考。第四章介绍了常见的评价模式及其在实践中的应用效果。这部分是为了展示不同评价模式的特点与实际应用,帮助读者理解不同背景下的教育评价模式的发展和效益。第五章梳理了青羊区基于典型事件的学生综合素质评价改革历程,包括改革的痛点、难点及其应对策略。其旨在通过案例分析,深入剖析改革实施中的挑战与解决方案,为其他地区类似改革提供经验借鉴。第六章阐释了青羊区基于典型事件的学生综合素质评价体系的构建与实施过程,从体系的构建思路、评价体系到保障体系的建设。其可以帮助读者了解如何从理论到实践,有效地构建和落实综合素质评价体系。第七章展示了基于典型事件的学生综合素质评价在实际应用中的成效及其影响,分析了评价在学校、教师、学生和家长层面的具体效果和意义。其可以帮助读者深入理解评价实施后的实际效果,并思考如何进一步优化评价体系,推动教育质量和学生发展的全面提升。

　　教育评价改革是教育强国建设的"牛鼻子",青羊区作为中国教育评价改革的先行区之一,探索出了一条基于典型事件的学生综合素质评价新模式,为学生综合素质评价提供了新的思路和实践路径。面向未来,青羊区将持续创新教育评价路径,为教育评价改革贡献力量!

本书编写组

2024 年 9 月

目　　录

第一章　学生综合素质评价的历史回顾 ·················1

　第一节　学生综合素质评价的起源与发展 ··············3

　第二节　学生综合素质评价的实践误区 ···············9

　第三节　学生综合素质评价的实践难题 ··············12

　　一、如何将分立性的评价结果整合以反映学生的综合素质 ·······12

　　二、如何将学生综合素质评价与教师日常的教育教学工作相融合 ·····13

　　三、如何让学生综合素质评价在中高考招生录取中真正发挥作用 ·····14

　第四节　学生综合素质评价的实践取向 ··············17

　　一、学生综合素质评价校本化实施层面应以育人为主 ··········17

　　二、学生综合素质评价结果应与招生录取实现有效对接 ········18

　　三、学生综合素质评价选拔功能的实现

　　　　应发挥招生录取学校的主体作用 ··············20

第二章　学生综合素质评价的政策研究 ·············23

　第一节　学生综合素质评价的政策演进 ··············25

　　一、孕育探索阶段：2002年以前 ···············25

　　二、初步实施阶段：2002—2013年 ··············27

　　三、深入推进阶段：2014年至今 ···············31

　第二节　学生综合素质评价的政策分析 ··············35

　　一、学生综合素质评价在"破"与"立"之间寻求立身之道 ········35

二、学生综合素质评价由基础教育向高等教育扩展 ……………37

三、学生综合素质评价由主观判断向客观记录转化 ……………38

四、学生综合素质评价由重"选拔"向重"育人"转变 ……………39

五、学生综合素质评价由"形式主义"向实用主义转化 ……………40

六、学生综合素质评价由"无保障"向逐步完善进化 ……………41

第三节　学生综合素质评价的政策走向………………………………43

一、实现制度间的融通 …………………………………………43

二、加强区域联动机制 …………………………………………44

三、优化评价系统建设 …………………………………………45

四、提升主体评价能力 …………………………………………46

五、健全评价保障机制 …………………………………………47

第三章　学生综合素质评价的文献研究………………………………49

第一节　学生综合素质评价的内涵研究………………………………51

第二节　学生综合素质评价的功能定位研究…………………………54

第三节　高中学生综合素质评价相关研究……………………………56

第四节　义务教育阶段学生综合素质评价的相关研究………………61

第五节　综合素质与核心素养的关系研究……………………………63

第六节　现代信息技术赋能下的学生综合素质评价研究……………66

第四章　学生综合素质评价的模式研究………………………………71

第一节　学生综合素质评价的常见评价模式…………………………73

一、基于标准的学生综合素质评价模式 ………………………75

二、基于适应性的学生综合素质评价模式 ……………………77

三、基于事件的学生综合素质评价模式 ………………………80

第二节　学生综合素质评价模式的实践应用 ……………………………82

　　一、基于标准的学生综合素质评价模式实践 …………………82

　　二、基于适应性的学生综合素质评价模式实践 …………………84

　　三、基于事件的学生综合素质评价模式实践 …………………84

第五章　青羊区基于典型事件的学生综合素质评价改革 ………………87

第一节　青羊区学生综合素质评价的发展历程 …………………………89

　　一、萌芽起步时期（1994—2013 年）…………………………89

　　二、探索实践时期（2014—2019 年）…………………………90

第二节　青羊区学生综合素质评价改革的痛点和难点 …………………93

　　一、评价理念片面，亟须更新 …………………………………94

　　二、评价过程烦琐，流于形式 …………………………………95

　　三、评价系统效能不足，数据使用不充分 ……………………96

　　四、评价结果应用不足，公信力不高 …………………………96

第三节　基于典型事件的学生综合素质评价改革 ………………………98

　　一、基于典型事件的学生综合素质评价的内涵特征 …………99

　　二、基于典型事件的学生综合素质评价的价值导向 …………103

第六章　青羊区基于典型事件的学生综合素质评价体系构建与实施 …107

第一节　基于典型事件的学生综合素质评价体系构建 …………………109

　　一、构建思路 ……………………………………………………109

　　二、评价体系 ……………………………………………………111

　　三、保障体系 ……………………………………………………120

第二节　基于典型事件的学生综合素质评价体系实践推进 ……………124

　　一、典型事件的确定 ……………………………………………124

二、评价平台的建设 ……………………………………… 129

三、标签分析的算法设计 ………………………………… 138

四、选取试点学校开展实践运行 ………………………… 143

第七章　青羊区基于典型事件的学生综合素质评价应用及成效 ………… 147

第一节　基于典型事件的学生综合素质评价的应用 ……………… 149

一、成都市金沙小学 ……………………………………… 149

二、成都市青羊区教育科学研究院附属实验学校 ………… 162

第二节　基于典型事件的学生综合素质评价的主要成效 ………… 167

一、学校层面的成效 ……………………………………… 167

二、教师层面的成效 ……………………………………… 169

三、学生层面的成效 ……………………………………… 171

四、家长层面的成效 ……………………………………… 172

后　　记 …………………………………………………………… 175

第一章

学生综合素质评价的历史回顾

　　教育评价事关教育发展方向，是教育改革的中心环节。2021年3月，中共中央总书记、国家主席、中央军委主席习近平看望参加全国政协十三届四次会议的医药卫生界、教育界委员时强调，"要围绕建设高质量教育体系，以教育评价改革为牵引，统筹推进育人方式、办学模式、管理体制、保障机制改革"❶。换言之，教育评价改革是教育改革的关键，只有抓好教育评价改革，才能为教育改革成功导向。作为教育评价改革的重要一环，学生综合素质评价不仅是破除"唯分数"论以促进学生德智体美劳全面发展的根本举措，也是推进各级各类学校贯彻落实立德树人根本任务的制度保障。从教育教学的实践来看，学生综合素质评价是连接基础教育和高等教育的枢纽，是涉及多部门、多领域、多主体的政策议题。

---

❶ 新华网.砥砺奋进开新局——习近平总书记同出席2021年全国两会人大代表、政协委员共商国是纪实[EB/OL].(2021-03-12)[2024-10-31].http://www.qstheory.cn/yaowen/2021-03/12/c_1127202701.htm.

第一节
学生综合素质评价的起源与发展

学生综合素质评价从20世纪80年代开始酝酿，与素质教育的提出和落实息息相关。中华人民共和国成立以来，我国的基础教育和高等教育体系得以建立，改革开放后，逐步恢复和完善。而在学生评价方式上，考试的"分数"成为主要的评价依据，这种教育评价标准的过度单一化，导致对于学生的评价，背离了德智体美劳全面发展与素质教育的精神要求。学生综合素质评价改革的初衷是破除"唯分数""唯升学"的评价方式，促进学生全面而有个性的发展。学生的情感、态度、兴趣、动机、好奇心、价值观、道德水平等因素，往往对个体一生的发展有着至关重要的影响。

1993年《中国教育改革和发展纲要》提出："小学要由'应试教育'转向全面提高国民素质的轨道，面向全体学生，全面提高学生的思想道德、文化科学、劳动技能和身体心理素质，促进学生生动活泼地发展。"自此之后，我国出台的一系列教育方针政策均把素质教育视为国家教育改革的指导思想和基本教育价值观。[1]1994年，中共中央发布的《关于进一步加强和改进学校德育工作的若干意见》指出，"增强适应时代发展、社会进步，以及建立社会主义市场经济体制的新要求和迫切需要的素质教育"[2]。1999年，中共中央、国务院印发《关于深化教育改革，全面推进素质教育的决定》，提出"实施素质教育，必须把德育、智育、体育、美育等有机地统一在教育活动的各个环节中。学校教育不仅要抓

---

❶ 李雁冰. 关于素质教育评价的理论问题[J]. 教育发展研究, 2009, 29(24): 26-31.

❷ 湖南教育政务网. 中共中央关于进一步加强和改进学校德育工作的若干意见[EB/OL]. (1994-08-31)[2024-10-31]. https://jyt.hunan.gov.cn/jyt/sjyt/xxgk/zcfg/flfg/201702/t20170214_3989970.html.

好智育,更要重视德育,还要加强体育、美育、劳动技术教育和社会实践,使诸方面教育相互渗透、协调发展,促进学生的全面发展和健康成长";"高考科目设置和内容的改革应进一步突出对能力和综合素质的考查"❶。在此文件中,首次提出了"综合素质"。

2000年年初,学生评价改革与基础教育课程改革同步实施。2001年,教育部印发《基础教育课程改革纲要(试行)》❷,提出"建立促进学生全面发展的评价体系……发挥评价的教育功能,促进学生在原有水平上的发展",首次将教育评价与素质教育、德智体美全面发展联系起来,初步确立了发展性教育评价理念,为随后学生综合素质评价的提出与发展奠定了基础。以新课程改革为契机,人们普遍认识到以考试为主的单一的学生评价不利于素质教育的发展,必须对学生评价中僵化的考试评价形式进行改革。因此,2002年,教育部发布《关于积极推进中小学评价与考试制度改革的通知》,不仅指出改革的目的在于"更好地提高学生的综合素质和教师的教学水平、为学校实施素质教育提供保障"❸,而且对学生综合素质评价的实施提出了具体办法,即要求建立以促进学生发展为目标的评价体系。该评价体系的内容主要包括基础性发展目标和学科学习目标两个方面,而基础性发展目标又包括道德品质、公民素养、学习能力、交流与合作能力、运动与健康、审美与表现六个方面,提倡教师采用多样的、开放式的评价方法了解学生的优点、潜能、不足及发展的需要。

从政策制定的视角来看,学生综合素质评价产生之初是和考试招生制度紧密挂钩的。2005年,在国家基础教育改革试验区首批试行新课程教育的初中

---

❶ 中国教育学会网站.中共中央国务院关于深化教育改革全面推进素质教育的决定[EB/OL]. (1999-6-13)[2024-10-31]. https://www.cse.edu.cn/index/detail.html?category=129&id=2281.

❷ 教育部网站.教育部关于印发《基础教育课程改革纲要(试行)》的通知[EB/OL].(2001-06-08) [2024-10-31]. http://www.moe.gov.cn/srcsite/A26/jcj_kcjcgh/200106/t20010608_167343.html.

❸ 教育部网站.教育部关于积极推进中小学评价与考试制度改革的通知[EB/OL].(2002-12-18) [2024-10-31]. http://www.moe.gov.cn/srcsite/A26/s7054/200212/t20021218_78509.html.

生毕业升学之际,教育部印发的《关于基础教育课程改革实验区初中毕业考试与普通高中招生制度改革的指导意见》(以下简称《意见》)提出:"对初中毕业生综合素质进行评价,评价结果应作为衡量学生是否达到初中毕业标准和高中阶段学校招生标准的重要依据。"❶《意见》要求评价内容以《教育部关于积极推进中小学评价与考试制度改革的通知》(以下简称《通知》)提出的六个方面的基础性发展目标为基本依据。评价结果由综合性评语和等级两部分组成,综合性评语是教师对学生的综合素质予以整体描述,突出学生的特点、特长和潜能,等级是教师对学生做出量化的评价,建议采用"优""良""合格""不合格"四档。这是国家首次以政策文件的形式提出要对学生进行"综合素质评价",初步规定了评价的内容与结果呈现方式,而且要求将评价结果作为学生毕业和升学的重要依据,标志着学生综合素质评价开始与学业评价和升学选拔挂钩。2007年,首批参加高中课改的学生将参加高考,为此,教育部发布了《关于做好2007年普通高等学校招生工作的通知》,要求:"高中新课程实验省(区、市)要逐步建立并完善高中学业水平考试和综合素质评价制度,认真研究设计与之相衔接的高考综合改革方案。"❷这标志着学生综合素质评价在制度设计层面被纳入高考招生评价体系。2008年,教育部发布的《关于普通高中新课程省份深化高校招生考试改革的指导意见》再次明确指出,"建立和完善对普通高中学生的综合评价制度,并逐步纳入高校招生选拔评价体系。各地要加快建设在国家指导下由各省份组织实施的普通高中学业水平考试和学生综合素

---

❶ 教育部网站.教育部关于基础教育课程改革实验区初中毕业考试与普通高中招生制度改革的指导意见[EB/OL].(2005-01-12)[2024-10-31]. http://www.moe.gov.cn/srcsite/A06/s3732/200501/t20050112_167346.html.

❷ 教育部网站.关于做好2007年普通高等学校招生工作的通知[EB/OL].(2007-02-09)[2024-10-31].http://www.moe.gov.cn/srcsite/A15/moe_776/s3258/200702/t20070209_79900.html.

质评价制度,切实做到可信可用"❶。

为深化考试招生制度改革,在新高考改革中,学生综合素质评价正式成为高校招生录取的重要参考。2014年9月,《国务院关于深化考试招生制度改革的实施意见》颁布出台,标志着学生综合素质评价在高校招生中的作用实现了质性变化,其明确规定:"综合素质评价主要反映学生德智体美全面发展情况,是学生毕业和升学的重要参考。建立规范的学生综合素质档案……主要包括学生思想品德、学业水平、身心健康、兴趣特长、社会实践等内容。"❷文件还规定"改革招生录取机制。探索基于统一高考和高中学业水平考试成绩、参考综合素质评价的多元录取机制。高校要根据自身办学定位和专业培养目标,研究提出对考生高中学业水平考试科目报考要求和综合素质评价使用办法,提前向社会公布"。但时至今日,绝大多数国内高校对在招生录取中如何进行学生综合素质评价仍语焉不详。❸同年,为全面推进学生综合素质评价常态化、科学化,教育部发布《关于加强和改进普通高中学生综合素质评价的意见》,从评价内容、评价程序和组织管理等方面,对普通高中开展学生综合素质评价作出了详细规定,加强了学生综合素质评价对育人体系建设的牵引力。❶

在高考改革的基础上,2016年,教育部发布《关于进一步推进高中阶段学

---

❶ 教育部网站.教育部关于普通高中新课程省份深化高校招生考试改革的指导意见[EB/OL].(2008-01-10)[2024-10-31]. http://www. moe. gov. cn/srcsite/A15/moe_776/s3258/200801/t20080110_79887. html.

❷ 教育部网站.国务院关于深化考试招生制度改革的实施意见[EB/OL].(2014-09-04)[2024-10-31]. https://www.gov.cn/zhengce/content/2014-09/04/content_9065.htm.

❸ 王宏伟.综合素质评价纳入高校招生的现实困境、域外探索与启示[J].黑龙江高教研究,2022(8):26-31.

❶ 教育部网站.关于加强和改进普通高中学生综合素质评价的意见[EB/OL].(2014-12-16)[2024-10-31]. http://www.moe.gov.cn/moe_879/moe_191/s4559/201412/t20141216_181667.html.

校考试招生制度改革的指导意见》❶，中考改革拉开序幕。《关于进一步推进高中阶段学校考试招生制度改革的指导意见》明确要求，"到2020年左右初步形成基于初中学业水平考试成绩、结合综合素质评价的高中阶段学校考试招生录取模式和规范有序、监督有力的管理机制"。学生综合素质评价也成为中考改革试点地区高中学校招生录取的依据或参考。

政策的推进离不开理论的支撑和人民群众教育观念的转变。学生综合素质评价的提出和发展根植于以下三个方面的理论研究，并在我国推进教育改革实践的背景下不断发展完善。一是人的全面发展学说。人的全面发展是马克思主义的基本原理之一，马克思认为，人的全面发展最根本的是指人的劳动能力，即人的体力和智力的全面、充分、自由、和谐的发展，也包括人的才能、志趣和道德品质的多方面发展，人的发展最高境界是人的自由全面发展。一些西方思想家持有全面发展教育的观点，如捷克教育家夸美纽斯在其名著《大教学论》一书中，提出泛智教育的理想，希望所有的人都受到完善的教育，使之得到多方面的发展，成为和谐发展的人；法国启蒙思想家卢梭是自然主义教育思想的代表，认为教育的目的和本质，就是促进人的自然天性，即自由、理性和善良的全面发展。人的全面发展学说是我国教育方针的理论基石，从中华人民共和国成立至今，马克思主义关于人的全面发展原理是通过我国在不同时期制定的教育方针实现了中国化、本土化、制度化。二是多元智能理论。美国学者霍华德·加德纳于1983年在其《智能的结构》一书中首先系统地提出多元智能理论，该理论是一种全新的人类智能结构理论。加德纳将智力定义为："智力是在某种社会或文化环境的价值标准下，个体用以解决自己遇到的真正难题或生产及创造出有效产品所需要的能力。"从基本结构来看，加德纳认为智能是多元的，每个人身上至少存在八项智能，即语言智能、数理逻辑智能、音乐

❶ 教育部网站.教育部关于进一步推进高中阶段学校考试招生制度改革的指导意见［EB/OL］.（2016-09-20）［2024-10-31］. http://www.moe.gov.cn/srcsite/A06/s3732/201609/t20160920_281610.html.

智能、空间智能、身体运动智能、人际交往智能、自我认识智能、认识自然智能。我国于20世纪90年代提出实施素质教育,多元智能理论的内涵框架与素质教育理念不谋而合,随着国内学者对该理论的多方引进和介绍,越发认识到多元智能理论的重要理论和实践价值,认为"多元智能理论是对素质教育的最好诠释"❶。三是发展性教育评价理论。20世纪60年代,一些学者开始对泰勒的目标评价模式进行反思和改进,如克龙巴赫(Cronbach)和斯塔弗尔比姆(Stuffle-beam)等人认为,目标评价模式过于重视评价的总结性功能而忽视了教育评价的反馈功能,并提出教育评价的作用应转向改进功能。1967年,美国教育评价专家斯克里文(Scriven)提出目标游离(goal free)评价模式,按照功能将评价区分为形成性评价和总结性评价两类。发展性教育评价思想在这一氛围中逐渐孕育发展,20世纪80年代后期教育评价专家古巴(Cuba)和林肯(Lincoln)构建了"第四代教育评价",强调被评价者是完整的、有个性的人,教育评价要促进被评价者个性的形成,实现充分的发展。刘志军认为发展性教育评价具有四个方面的特征:一是发展性教育评价是立足现在、面向未来的评价,通过评价产生有效反馈信息用以改进教育,促进师生和学校的发展,使"评价"服务于"发展";二是发展性教育评价是以促进人的发展为目的的评价,强调评价与日常教育教学活动的结合,注重评价反馈对学生当下发展的激励性和导向性;三是发展性教育评价重视增强被评价者的参与意识,充分发挥其主动参与评价的积极性;四是发展性教育评价是多元评价主体的评价。❷

---

❶ 顾明远,孟繁华.国际教育新理念[M].海口:海南出版社,2001:106.

❷ 刘志军.发展性教育评价探微[J].基础教育课程,2005(2):51-52.

第二节

学生综合素质评价的实践误区

自 2005 年以国家政策文件形式首次提出"综合素质评价"以来,经过近二十年的发展,我国义务教育阶段和高中阶段学生综合素质评价已经取得了一些成效,纵向来看,建立了"国家—省—市—县—校"五级学生综合素质评价框架,并在中小学校以不同形式开展,有力地促进了学生的全面发展,并形成科学的评价理念;横向来看,目前各省份基本建立了初中和高中阶段学生综合素质评价实施方案,以服务中考和高考录取招生。针对具体的实践效果,从高校来看,随着新高考改革的不断深入,高校在招生过程中对综合素质的关注度也越来越高。新高考改革自 2014 年启动以来,至今已启动三批试点省份,已有 14 个省份参与其中,围绕分类考试、综合评价、多元录取取得了一些重大进展。[1] 2020 年开始的"强基计划"36 所试点高校,在选拔学生的过程中实施了综合素质评价。此外,同年还有近百所高校实施了综合评价招生,高考综合素质评价已经成为高考招生的必然趋势。但由于各高校定位和发展的实际情况不同,所以综合素质评价招生仍未全面铺开,导致大部分家长、学校仍只看考试科目,重视考试分数。[2] 而在推进学生综合素质评价实施的过程中,仍存在以下误区。

第一,把学生综合素质评价变成传统纸笔测验的简单延伸,不改变评价理念和方法,只是增加评价内容,即由评价学科知识和技能延伸到评价道德品

---

[1] 张志勇,杨玉春.综合评价是考试招生制度改革的根本方向[J].中国考试,2020(8):11-15.

[2] 洪瑞祥,王晓阳.新高考综合素质评价发展的影响因素——基于社会学制度主义视阈[J].教育学术月刊,2022(1):58-65.

质、公民素养等"综合素质"。这种观点和做法实际上是变相支持和捍卫传统"应试教育",所采用的评价改革策略是"用考试指挥素质教育",非但丝毫不能解决"应试教育"的积弊,反而起到了推波助澜的作用。

第二,把"综合素质"理解为道德品质、公民素养、学习能力等不同种类"素质"的组合,其中每一类素质又被细分为若干"分目标"。学生综合素质评价就是以每一类"素质"及其"分目标"为"观测点",建立"常模",给出分数或等级。这种观点的依据是"人的全面发展理论",认为"素质教育"就是"人的全面发展教育"。这显然是一种机械论、原子论的素质观。当前,许多地区的中考、高考改革循此思路而行。这种观点和做法违背了素质教育的本质,忽视了每一个学生个性发展的独特性,无法解决我国教育的根本问题。

第三,将"综合素质"理解为某些素质。如认为学生综合素质评价就是对教育部规定的六类"基础性发展目标"的评价,而中高考、学业水平考试或会考则是对"学科学习目标"的评价,二者平分秋色,变成"两张皮"。这种观点和做法显然是上述机械论、原子论素质观的变种。❶

第四,将学生综合素质评价主要作为外部评价,并成为中考、高考体系的一部分。这使得综合素质评价结果被赋予了过高的外部影响力,成为对学生进行分层的依据。其直接后果是,学生综合素质评价在实践中存在形式主义和虚假操作的现象,产生了一些负面效应,引发了社会的不满。

第五,认为学生综合素质评价不与中高考挂钩就不能发挥作用,主要表现为两个方面:一是认为学生综合素质评价是为中高考招生录取专门设计实施的;二是认为只有中高考招生录取真正使用学生综合素质评价结果,该评价才有意义。❷这是对学生综合素质评价工作价值认识的误区,这一观点完全忽视了学生综合素质评价的初衷,没有将学生综合素质评价纳入日常的教育教学

❶ 李雁冰.论综合素质评价的本质[J].教育发展研究,2011(24):58-64.

❷ 边玉芳.综合素质评价的误区分析与改革建议[J].基础教育课程,2013(4):60-63.

过程中,忽视了校内自我评价体系的建设。

第六,认为学生综合素质评价的对象只是学生个体。这是对学生综合素质评价对象的错误认识,学生综合素质评价不仅是某个学校对某个学生个体的评价,而是要上升到区域、国家的层次。当依据学生群体的综合素质状况来评价学校和区域的教育质量时,当全社会都认识到对学生的综合素质非评不可时,学校、家长和学生就不认为学生综合素质评价可有可无了。

这些问题可总体概括为关于学生综合素质评价的"变相应试教育观""工具主义素质观""外部评价观"。解决这些问题的基本出路在于重新理解学生综合素质评价的本质,并据此制定切实可行的实践策略。

第三节

学生综合素质评价的实践难题

当前,尽管学生综合素质评价在基础教育领域已基本得到全面实施,且在中高校招生录取中作为重要依据或参考,但其进一步深化实施仍然面临诸多困境。

一、如何将分立性的评价结果整合以反映学生的综合素质

学生综合素质评价面临的主要问题是,如何把各方面观察、测评的结果汇聚在一起,对测评对象的整体情况,对其是一个什么样的人作出综合判断。目前,一些地区和学校把来自学生本人、同学、教师、家长等各方面的评议结果,按一定比例折合成等级或汇总成分数,这一做法缺乏科学依据,因为不同维度的等级之间既无相等单位,也无绝对零点;不同班级、学校各自比较的对象不同,所评定的等级之间缺乏可比性。还有些学校用雷达图的方式呈现,看起来很直观,但它是以每个维度的科学量化为基础的,加诸学生身上的分立维度能否被量化,是否科学,还有待商榷。基于人的发展是整体性与独特性相统一的观点,将单方面的被分解的多个评价指标整合起来衡量个体的发展情况,这是学生综合素质评价的核心,也是难点所在。❶然而,如何将分维度评价指标且涉及多主体、多类型和跨周期评价结果汇总以反映学生的内隐素质表现,现有

---

❶ 柳夕浪.综合素质评价改革的"三个转向"[J].中国教育学刊,2021(4):28-33,74.

的研究和教育实践尚未提供解决这一难题的有效方案。●

　　当前我国开展的各个学段的学生综合素质评价,受国家政策文件规定的影响,大都采用一级指标、二级指标、三级指标或观测点,评价时依据观测点评价,再逐级向上合成,得出一个总结果。这种分析式评价方法是对综合素质的误读,学生个体的综合素质不具备学科素质那样的分解性,只能进行整体评价和综合评价。●这种做法把人的存在抽象化,把人视为一种超越具体情境的总体存在,形成抽象、完美的人格范型。这种基于"抽象的人"的评价模式,适合于评价群体或区域教育质量,如国际学生评估项目(Programme for International Student Assessment, PISA)、我国的义务教育质量监测等,能够发挥诊断、反馈作用,但将其运用到学生个体的综合素质评价时,则会适得其反。一是基于抽样检测形成的关于群体学生发展情况的结论不一定适用于每个个体;二是从众多学生个体中抽象出来的理想发展标准不一定完全适用于每个个体;三是基于"抽象的人"预设所开展的评价不足以解释、预测具体情境中的个人。●

二、如何将学生综合素质评价与教师日常的教育教学工作相融合

　　学生综合素质评价一经提出,便引起了社会各界的高度关注,希冀成为破除"唯分数"评价的利刃,促进学生全面而有个性的发展。在中小学校实施学生综合素质评价时,评价的主体主要是教师、学生和家长,其中教师起着至关重要的作用。在实施学生综合素质评价的过程中,如果从教育局到学校再到

● 柴唤友,陈丽,郑勤华,王辞晓.学生综合评价研究新趋向:从综合素质、核心素养到综合素养[J].中国电化教育,2022(3):36-43.

❷ 罗祖兵.美国高中生综合素质评价及其启示[J].河北师范大学学报(教育科学版),2019,(3):98-103.

❸ 柳夕浪.综合素质评价改革的"三个转向"[J].中国教育学刊,2021(4):28-33,74.

教师,没有真正理解国家推行综合素质评价的初衷和意图,加之受教育行政人员、校长和教师的教育理念落后、评价观念和评价素养不高等多方面因素的影响,便无法将学生综合素质评价落到实处,只会将此作为一项增加教育教学工作的负担。此外,中考、高考这两大"指挥棒",目前在招生录取中只是将学生综合素质评价结果作为参考,而非关键要素。这导致教师在教育教学中仍只重点关注学生的学业成绩和考试分数,焦点放在少数的尖子生身上,便不会顾及每个学生的全面发展情况,不会发现每个学生的闪光点和个性特长,更不会将学生综合素质评价的理念融入日常的教育教学工作中。这也是不少地区和学校推进学生综合素质评价面临阻力大、进展有限,甚至形同虚设的主要原因。❶

不少学者在调查研究和实地走访中发现,虽然绝大部分中小学校都开展了形式多样的学生综合素质评价,但在具体实施的过程中,大部分学校仅将其作为必须完成的一项任务。在具体执行中,教师一方面不重视,另一方面未将其作为日常教育工作,经常是在学期末或为应付检查而不得不做的时候,才匆忙紧急赶制完成,并没有将其服务于学生发展和教学质量的提升上。这种潦草完成或任务驱动式的评价,无法有效区分不同学生的长处和兴趣所在,更无法保证学生综合素质评价的公信力和权威性❷,既没有实现学生综合素质评价育人的目的,也没有实现用于中高考招生录取的功能。

三、如何让学生综合素质评价在中高考招生录取中真正发挥作用

在2014年《国务院关于深化考试招生制度改革的实施意见》和2016年教育

❶ 柳夕浪.综合素质评价改革的"三个转向"[J].中国教育学刊,2021(4):28-33,74.

❷ 刘志军,张红霞.普通高中学生综合素质评价:现状、问题与展望[J].课程·教材·教法,2013,33(1):18-23.

部发布的《关于进一步推进高中阶段学校考试招生制度改革的指导意见》两份关于考试招生制度改革的国家文件中,均重点明确,学生综合素质评价是中考和高考招生录取中的"重要依据或参考",改变了以往只看单一的中高考分数的局面,初步形成了多元录取的格局。然而,在目前实际的招生录取工作中存在以下个别现象:学生综合素质评价并没有发挥其应有的作用;在中考和高考录取中仅空有其名,而未有其实。该个别现象存在的原因主要有以下几方面。

一是无法保证学生综合素质评价的公平性。一方面,城乡公平难以实现。当前从评价指标上来看,各地学生综合素质评价通常按照国家政策文件的规定,从德智体美劳五个方面考查学生,需要学生提供写实记录和证明材料。城乡学生的成长环境不同,能接触到的教育资源如师资和学习素材等迥异,家长的素质差异较大等,这些因素均导致乡村学生在学生综合素质评价中处于天然的劣势地位,在升学考试的高利害评价中无法保证城乡公平。另一方面,难以避免评价主体的主观性。学生综合素质评价的主体涉及学校、教师、家长、学生等,评价过程延续时间长,至少包括初中三年或高中三年,评价主体本身具有倾向性,加之相关的诚信体系和监管体系尚不健全,很容易给写实记录和证明材料提供弄虚作假的空间,从而影响评价的公平性。二是无法保证学生综合素质评价的有效性。有效性,即在现有的评价框架下,学生综合素质评价最终呈现的信息能将不同学生的发展情况真实地区分开,既能展示学生各方面的发展水平,也能凸显学生的独特个性,形成完整有效的发展画像。在我国的中高考语境下,初中和高中学校既是生源所在地,又是学生综合素质评价的实施主体,兼具"运动员"和"裁判员"的身份,使得学校提供的学生综合素质评价信息大同小异,区分度不高,导致可比性差、可信度不高。❶这样的同质性评价结果显然无法为高中学校和高等教育学校在招生录取中提供有效信息,"重要参考"有可能变为"无效参考"。三是招生录取学校主体作用的发挥有限。

❶ 李杰.综合素质评价在上海高校春考招生录取中的应用研究[D].上海师范大学硕士论文,2022.

从"谁使用,谁评价"的原则来看,上一级招生录取学校应根据自己的培养目标和办学特色,制定适合学校办学定位的学生评价办法和评价标准。然而,囿于我国长期以来的国家统一招生录取制度,高中学校和高等教育学校在招生录取工作中往往处于被动地位,欠缺相应的招生录取能力,只会想方设法争取高分生源,而不会选择更适合学校发展定位的学生。

第四节

学生综合素质评价的实践取向

学生综合素质评价起源于素质教育的推广和实施,其核心功能是育人,在教育政策和实践的多年探索中,又在上一级学校的招生录取中承载了选拔功能。面对上述具体实践中的实施难题,学生综合素质评价在学校层面应以育人为主,在此基础上实现与招生录取的有效衔接;在衔接的过程中,上一级录取学校应发挥主体作用,释放活力,让生源学校提供的学生综合素质评价信息切实发挥作用。

一、学生综合素质评价校本化实施层面应以育人为主

学生综合素质评价是"校本评价体系"的主要内容之一[1],作为一种内部评价,其实施主体是学校。学生综合素质评价的校本化实施首先应明确评价的目的和功能,在基础教育阶段,不论是否面临升学压力,课程、教学、评价三位一体的教育过程,其首要目的均是"育人"而不是"育分"。这涉及校长和教师所秉持的评价观,近些年,随着国家教育政策的导向,加之社会各界对成长和成才认知的积极转向,校长和教师的教育观念和评价观念也有所转变。学校和教师对学生的评价已开始关注除考试分数之外的思想品德、身心健康、艺术素养、劳动实践等多方面素质和能力的发展情况。教师是评价的实施者,也是学生开展自评或互评的引导者,如何将综合素质评价的理念和方法融入日常的教育教学中,如何从仅重视结果性评价转向过程性评价、表现性评价和结果性评价的结合,如何在促进学生德智体美劳全面发展的基础上重点发现每个

---

[1] 李雁冰.论综合素质评价的本质[J].教育发展研究,2011(24):58-64.

学生的长处等,教师评价素养的提升至关重要。省、市级教育行政部门和教研部门应做好顶层规划,设计具有可操作性和实用性较强的培训课程,为县级教育行政部门、教研部门和一线教师开展培训,尤其应加强对乡村教师评价素养提升的培训和实践操作训练。对于教育资源和外部环境相对匮乏的乡村学生来说,在综合素质评价方面常处于劣势地位,此时,更需要教师结合当地的乡土资源,开发具有地方特色的乡土课程或素质拓展活动,以为学生提供多样且丰富的展示自我的舞台,让学生在参与的过程中意识到自己的长处和优点,从而实现发现自我、肯定自我的目标。在开展综合素质评价的过程中,对于有条件的学校来说,可以使用信息化程度较高的电子平台,为学生的发展进行数字画像;对于没有条件的学校来说,则可以充分利用档案袋评价法,激发教师和学生的积极性,使教师和学生在互相协商和沟通的过程中,不断提升对综合素质评价的认识,学会引导评价、自评、他评,不断建构教育意义和价值。

二、学生综合素质评价结果应与招生录取实现有效对接

除了育人功能,学生综合素质评价在中高考改革的背景下,也在一定程度上承担了选拔的功能。然而,由于评价的真实性和有效性、配套的体制机制、招生录取程序等方面的问题,目前学生综合素质评价的结果在中高考招生录取中仍处于从属地位,并未实现与招生录取的有效对接。为解决这一难题,可从以下三个方面寻求突破。

第一,确保学生综合素质评价的真实性和有效性。作为实施学生综合素质评价的主体——中小学校教师、家长和学生自己,应秉持评价为教学、为学生发展服务的目的,在学校制定的框架和评价体系内,实事求是地定期记录学生各个方面的发展情况,凸显学生的特长和优势。学校和教师在评价的过程中,应起主导作用。一方面要客观记录,既包括平时学科考试的成绩分数,也包括

各类活动的证明材料,同时还要对学生学习效果和存在问题定期开展质性评价,以综合性评语的方式总结学生一段时间的学习和发展情况[1];另一方面引导家长和学生正确认识综合素质评价,将其作为学生今后求学和制定个人发展规划的重要参考,配合学校和教师更好地完成评价工作。简言之,学生综合素质评价在中小学校层面应采取量化和质性评价相结合的方式,只负责提供学生发展情况的证据,而不做出最后的判断。

第二,完善评价的诚信机制与监管体系。为保证学校层面的日常操作和客观执行,各地教育行政部门和教研部门应不断强化和完善学生综合素质评价的诚信机制和监管体系,以确保其在正常的轨道上运行。在校内,构建专门的学生综合素质评价监管委员会,由校领导、校中层干部、教师代表、学生代表和家长代表构成,负责监督校内学生综合素质评价的实施、公示、申诉和复议等流程,确保真实和公正。在区县级层面,构建学生综合素质评价指导专家团队,定期开展培训、实地指导、答疑解惑,从理念上引导,从操作上把关,确保有效性。在社会层面,加强社会各界和政府部门的宏观督导,形成多元主体共同参与、多视角、多维度的评价主体协作体系,营造民主、和谐的评价氛围,保障评价结果的客观真实与全面。[2]通过以上三个维度诚信和监管体系的构建,从而实现"更科学的选拔,更全面的培养"。[3]

第三,继续深化招生录取机制改革。在真实性和有效性的基础上,结合成熟的诚信机制和监管体系,确保评价结果的可信、可用,这是实现学生综合素质评价结果与招生录取有效对接的前提和基础。此外,还要进一步深化招生录取机制,在中高考招生录取时,合理分配中高考考试成绩和综合素质评价结

---

[1] 凌磊.德国与法国学生综合素质评价体系之比较[J].教育与考试,2020(2):12-16,21.

[2] 张玉环,吴佳桧.法国义务教育学生综合素质评价研究[J].比较教育学,2022(3):108-121.

[3] 洪瑞祥,王晓阳.新高考综合素质评价发展的影响因素——基于社会学制度主义视阈[J].教育学术月刊,2022(1):58-65.

果的权重,应在中高考成绩达到基本要求的前提下,将综合素质即平时学习成绩和各方面发展情况作为招生录取的决定性因素,让学生综合素质评价结果在学生升学时起实质性作用。❶这一招生录取机制,既考虑了学生平时的学业成绩和中高考成绩,也考查了学生的平时表现和招录学校的个性化诉求,是分数教育向素质教育转轨、促进不同阶段教育衔接的有效路径,能够很大限度地推动基础教育回归育人本质。❷

三、学生综合素质评价选拔功能的实现应发挥招生录取学校的主体作用

在我国的教育制度设计中,高中和大学是两个最重要的录取学校,对应的是中考和高考。学生综合素质评价结果在招生录取中无法得到真正应用的其中一个重要原因,是在我国统考和统招制度设计下,录取学校没有充分发挥基于办学目标和培养特色进行招生的主体作用,招生自主权微乎其微,对高校来说尤甚。以下策略主要针对高校招生展开,高中学校招生与之类似。基于"谁使用,谁评价"的原则,首先,要提高高校的招生自主权。从国家的层面来讲,确定高校招生录取的宏观原则和截止时间,将具体的评价标准和评价程序下放到各高校。高校根据自身的类别、办学特色、培养目标等,制订学生综合素质评价结果使用方案,对高中学校提供的学生综合素质评价材料加以评判,从而选拔与学校定位相匹配的学生。❸采用多元评价主体、多元评价标准考查学生,最终形成对学生的整体性认识或评判,从而作出学生是否契合高校办学定

❶ 罗祖兵.美国高中生综合素质评价及其启示[J].河北师范大学学报(教育科学版),2019(3):98-103.

❷ 王宏伟.综合素质评价纳入高校招生的现实困境、域外探索与启示[J].黑龙江高教研究,2022(8):26-31.

❸ 张志勇,杨玉春.综合评价是考试招生制度改革的根本方向[J].中国考试,2020(8):11-15.

位和人才培养目标的判断。这种标准多元、内容全面的学生评价样态,避免了单一分数评价标准带来的种种缺陷和不足,能真正促使学生全面而有个性化的发展。❶其次,要注重专业招生队伍的建设。扩大高校招生自主权,需要高校具备相应的招生录取能力,关键在于高校招生队伍的专业性和专职性。相较于国外各高校均拥有自身专业专职的招生队伍而言,我国高校普遍欠缺实现精准招生所需要的能力和素养,并缺少足够数量的从事招生的专业人员。以美国一流大学招生办为例,工作人员通常保持在20~50人,辖属招生宣传、中学沟通、考生申请、资料录入、素质评价、学生录取等相互连锁的部门。这种健全的招生机构的建立和充足且专业的招生人员,是其招生专业化的保障和基础。因此,我国各级各类高校亟须加强自身招生队伍建设,培养志在从事招生工作,并具备教育学、心理学、统计学、教育评价等相关专业知识的人员,确保他们具备发现优秀人才的能力和素养,提升精准选拔的招生能力❷,为深化高校招生制度改革提供人力资源支撑。

❶ 王宏伟.综合素质评价纳入高校招生的现实困境、域外探索与启示[J].黑龙江高教研究,2022(8):26-31.

❷ 在我国统考统招制度设计下,高校招生具有鲜明的国有特征,国家统一制订招生计划,统一分配招生名额,高校招生自主权几乎丧失殆尽。在此背景下,高校也缺少对招生相关问题的研究和探讨,致使我国在高校招生选拔方面缺少最基本的经验积累和能力建设。

第二章

学生综合素质评价的政策研究

学生综合素质评价改革自启动之日就深陷于多种质疑与诘难之中,历经波折最终得以广泛实施。关于学生综合素质评价政策的顶层设计,长期在"软硬间"徘徊。有研究者指出,"从政策层面看,综合素质评价尚处在'气血未定'的状态。但是,政策作为顶层设置,是指令性或指导性的,必须具有必要的'硬度'。这就造成了综合素质评价以'气血未定'之身而使'气血方刚'之力的羸弱而尴尬的局面"❶。从历史发展的脉络来看,我国的学生综合素质评价政策呈现出"稳中有变""稳中有进"的态势。在新的发展时期,我国综合素质评价政策的价值定位表现为在"破"与"立"之间寻求立身之位,利益主体由基础教育向高等教育扩展,实施逻辑由教师主观判断向客观纪实转换,功能诉求由偏重"选拔"向注重"育人"转变,效能发挥由形式化向"高利害"转化,保障机制由"无保障"向逐步完善进化。

❶ 杨九诠.综合素质评价的困境与出路[J].华东师范大学学报(教育科学版),2013(6):36-41.

第一节
学生综合素质评价的政策演进

一、孕育探索阶段：2002年以前

20世纪末，我国的基础教育体系开始进行改制，国家相继出台了一系列考试与招生制度改革的政策文本。"素质教育"逐步扭转"应试教育"走上历史舞台，人们的教育观、人才观和评价观也随之开始发生转变。❶实施学生综合素质评价是本次改革的一项重要内容，旨在促进学生全面发展，以制度化的形式保障其落地实施。与此同时，学生综合素质评价的概念也应运而生，并在政策文本中逐渐出现、明晰。

1993年2月，中共中央、国务院印发《中国教育改革和发展纲要》，首次在政策文本中对素质教育做出经典性表述，我国传统教育开始向素质教育转型。1994年，中共中央、国务院召开第二次全国教育工作会议，提出"基础教育必须从'应试教育'转到'素质教育'的轨道上来，全面贯彻教育方针，全面提高教育质量"。素质教育改革就此正式拉开序幕。1997年10月，国家教育委员会印发《关于当前积极推进中小学实施素质教育的若干意见》，提出"在中小学全面贯彻国家的教育方针，积极推进素质教育，已经是摆在我们面前的刻不容缓的重大任务"。全面推进素质教育的紧迫性和重要性已经被提升到"空前"的高度，国家层面已经逐步出台政策文件开始稳步推进实施。政策落地后，素质教育在区域层面开始组织实践，全国首批建立了十个素质教育实验区，一些省市也建立了省级素质教育实验区。

---

❶ 王洪席.我国综合素质评价政策的演进历程及特征分析[J].课程·教材·教法，2016（12）：28-34.

1999年6月，中共中央、国务院颁布《关于深化教育改革全面推进素质教育的决定》，提出"实施素质教育应当贯穿于……各级各类教育，应当贯穿于学校教育、家庭教育和社会教育等各个方面"。自此，我国的素质教育改革开始在整个教育领域具备系统性、连贯性和完整性。❶该政策还提出"调整和改革课程体系、结构和内容，建立新的基础教育课程体系"，并要求"高考科目设置和内容改革应进一步突出对能力和综合素质的考查"。此政策首次提出"综合素质"一词，唤醒了人们对学生综合素质评价的关注，提升了人们对相关问题的敏感度。

2001年5月，国务院颁布《关于基础教育改革与发展的决定》，提出"加强对学生能力和素质的考查"，这是对1999年文件中提出"突出"对综合素质考察的升级。"改革高等学校招生考试内容，探索多次机会、双向选择、综合评价的考试、选拔方式，推进高等学校招生考试和选拔制度改革"，将"综合评价"作为重要探索，使我国招生考试制度改革向前迈出了一大步。"'十五'期间，国家和地方对实施素质教育的先进地区、单位和个人进行表彰"，政策中明确提出针对素质教育的优秀实践对象实施激励机制，为素质教育的推行和落地提供了有力保障。同年6月，教育部印发《基础教育课程改革纲要（试行）》，启动新一轮基础教育课程改革，提出"建立促进学生全面发展的评价体系"，落实了前一文件中"加快建构符合素质教育要求的新的基础教育课程体系"的要求。该政策进一步明确了课程评价的内容，"不仅要关注学生的学业成绩，而且要发现和发展学生多方面的潜能，了解学生发展中的需求，帮助学生认识自我，建立自信"，凸显了课程评价促进学生全面发展的导向。这一价值取向已经开始体现我国现行学生综合素质评价政策的基本精神，即通过对学生全面发展状况进行评价促进其主动发展，"发展性"成为评价的重要基调，受到了高度重视，这也为下一阶段学生综合素质评价体系的确立奠定了基础。

---

❶ 代小芳. 从"素质"到"核心素养"的教育嬗变[J]. 长江师范学院学报,2018(5):106–111.

孕育探索阶段,学生综合素质评价的理念在长期酝酿中逐渐萌芽。这一阶段,我国逐渐开展素质教育的理论和实践研究,学生综合素质教育评价的理念也应运而生。已有学者提出了"学生综合素质评价"的概念,但并未引起广泛关注,有关素质的内涵、结构、基本特征及学生素质发展目标等方面的研讨则较为系统且深入,为学生综合素质评价的诞生奠定了理论基础。事实上,"综合评价"已经不是一个全新的概念,在学校内部考试评价改革中已经关注到要对学生的全面发展情况进行综合考查,并且积极开展了相关的实践探索。考试招生制度改革也多次指出,招生要参照学生"能力和综合素质的考查",学生综合素质评价的萌芽已经崭露头角。然而,这一阶段的观点还比较粗糙,处于尝试和探索阶段。当前,对于学生综合素质评价的定义、内涵及具体内容等核心要素尚未形成明确的共识,可以直接指导实操的政策导向还不够清晰。因此,有必要从根本出发,对这些基础问题和潜在矛盾进行系统的梳理与深入的思考。

二、初步实施阶段:2002—2013 年

这一时期,我国建立和实施学生综合素质评价的政策已经基本确立,并处于进一步完善规范和逐步落实的阶段。政府出台了一系列新课程改革、考试招生制度改革的文件,对于如何评价学生、使用评价结果做出了新的要求,学生综合素质评价与新课程改革同步推进。本时期的政策将学生综合素质评价纳入了高一级学校招生的评价体系中,是我国招生考试制度的重大突破与创新。

2002 年 12 月,教育部印发《关于积极推进中小学评价与考试制度改革的通知》,提出"初中升高中的考试与招生中,要综合考虑学生的整体素质和个体差异,改变以升学考试科目分数简单相加作为唯一录取标准的做法""高考内容改革将更加注重对考生素质和能力的考查,积极引导中学加强对学生全面素

质的培养"。该政策提出学生评价主要包括"基础性发展目标和学科学习目标两个方面"。其中,基础性发展目标包含"道德品质、公民素养、学习能力、交流与合作、运动与健康、审美与表现"六个方面,解决了当前时期学生综合素质评价"评什么"的关键问题。至此,学生综合素质评价体系在我国政策层面正式确立,随后还被纳入招生考试制度改革,评价结果作为学生毕业和升学的重要依据之一。2004年2月,教育部办公厅印发《国家基础教育课程改革实验区2004年初中毕业考试与普通高中招生制度改革的指导意见》,再次提出"要改变以升学考试科目分数简单相加作为唯一录取标准的做法",同时具体指出"力求在初中毕业生学业考试、综合素质评定、高中招生录取三方面予以突破"。"综合素质评价"第一次以"政策术语"的形式出现在政策文件中。此政策明确提出:"综合素质评价的内容应以《通知》中提出的道德品质、公民素养、学习能力、交流与合作、运动与健康、审美与表现等六个方面的基础性发展目标为基本依据。"这一规定肯定并延续了前期关于学生综合素质评价政策文本的精神,并持续深化内容及规范,"保证基础教育课程改革向纵深发展"。该政策还提出2004年要对17个国家基础教育课程改革实验区的初中毕业生实施综合素质评价,同时对如何落地实施提出了具体要求。2008年4月,教育部印发《关于深入推进和进一步完善中考改革的意见》,指出"开展对学生综合素质的评价是中小学评价与考试制度改革的突破性环节,应贯穿在学生接受教育的全过程",并对综合素质评价的内容、评价方式、评价过程及宣传都提出了明确要求。总体来看,在新课程改革背景下,我国出台的中小学考试与招生制度改革文件中提出在中小学实行学生综合(素质)评价,明确了评价活动的责任主体,规定了评价内容、方式和结果呈现方式,并建立了评价实施的组织保障制度。以上各项政策均体现了学生综合素质评价在中考改革的重要地位,凸显了评价结果的高影响力特征。

2007年2月,教育部印发《关于做好2007年普通高等学校招生工作的通知》,专对高中新课程实验省(自治区、直辖市)提出"要逐步建立并完善高中学业水平考试和综合素质评价制度",并且规定"考生电子档案是高等学校录取新生的主要依据",内容包含了"应届高中毕业生综合素质评价信息"。2008年1月,教育部印发《关于普通高中新课程省份深化高校招生考试改革的指导意见》,再次提出"建立和完善对普通高中学生的综合评价制度",同时还要求将其"逐步纳入高校招生选拔评价体系""高等学校招生录取要在高考成绩基础上逐步增加对学生学业水平考试及综合素质的考察"。此政策第一次对普通高中学业水平考试和综合素质评价进行定位,还提出了要"进一步探索高考、高中学业水平考试和综合素质评价与学校测试相结合的多元化评价选拔办法"。我国学生综合素质评价政策已经开始在高考改革中进行尝试和探索,并且部分省市开始在高中推行试点工作。

2010年6月,教育部印发《关于深化基础教育课程改革进一步推进素质教育的意见》,指出要"健全和完善考试评价制度""进一步完善综合素质评价的科学方法和基本程序,加强诚信机制建设,确保评价结果的真实性"。该政策还指出"加强对中考改革的评估和指导,强化综合素质评价结果在高中招生录取中的作用"。至此,学生综合素质评价在我国考试招生中的作用和定位已经完全确立,并且将其应用于招生录取也提上了日程。

2010年7月,中共中央、国务院印发《国家中长期教育改革和发展教育规划纲要(2010—2020年)》,在"全面提高普通高中学生综合素质""改革教育质量评价和人才评价制度""完善中等学校考试招生制度""完善高等学校考试招生制度""组织开展改革试点"五个部分均提到要全面实施和完善"综合素质评价",对学生综合素质评价的理念和改革方向进行了充分肯定,并且将其明确为战略需要。该政策文本的出台标志着实施综合素质评价已经成为我国教育政策的规定动作,为着力提升学生综合素质奠定了基础。《规划纲要》颁布后,学生综合素质评价的政策调整与实践重心,从最初将其作为基础课程改革和

学生评价制度建设的重要举措,转向作为国家考试招生制度改革的重要组成部分。❶

2013年1月,中国共产党第十八届中央委员会第三次全体会议通过了《中共中央关于全面深化改革若干重大问题的决定》,明确指出要"推行初高中学业水平考试和综合素质评价""逐步推行普通高校基于统一高考和高中学业水平考试成绩的综合评价多元录取机制"。该政策从"深化教育领域综合改革"的高度对考试招生制度提出了要求,旨在推动教育公平、提升教育质量,以及更好地适应社会对多样化人才的需求。

在初步实施阶段,基础教育管理部门明确提出了"学生综合素质评价"的概念,并且制定了一套可操作的评价办法。学生综合素质评价的指标体系包括"道德品质、公民素养、学习能力、交流与合作、运动与健康、审美与表现"六个方面,参与主体包括学生、教师、家长等,评价结果由"等级+评语"的方式呈现。由于学生综合素质评价与原有的评价方式差异较大,因此首先在国家课改实验区尝试开展初中生综合素质评价,然后才推广到全国整个中小学教育领域。这种统一要求的做法,在政策层面刚性有余,但是未考虑到不同地区间的差异,导致灵活性、个性化缺失。在考试招生中应用学生综合素质评价,当前时期出台的政策强制性尚且不足,还处于"宣传"阶段,并且存在很多问题亟待解决,如诚信。学生综合素质评价结果的使用也遭到了社会的质疑,大大影响了学校的改革积极性,多数地区的中小学生综合素质评价往往流于形式,未能发挥其育人功能。如何规避、把控接踵而至的阻碍与风险,是学生综合素质评价将要面临的重大难题和挑战。

---

❶ 董秀华,骈茂林,王歆妙,等.综合素质评价政策实践与功能定位反思[J].教育发展研究,2019,39(17):1-7.

三、深入推进阶段：2014年至今

随着考试招生制度改革的持续推进，考试内容、形式及录取机制都发生了变革，学生综合素质评价已经被纳入其中，考核方式方法也在逐步完善。同时，为了顺应教育数字化发展的浪潮，国家出台了多个关于学生综合素质平台建设、教育评价数字化转型的政策文本，推进了学生综合素质评价的发展与实践。

2014年9月，国务院印发了《关于深化考试招生制度改革的实施意见》，明确指出"形成分类考试、综合评价、多元录取的考试招生模式""探索基于统一高考和高中学业水平考试成绩、参考综合素质评价的多元录取机制"。高考将从以往的单一化考试走向多元化、综合化的"健康"评价，"两依据一参考"的重大变革将有利于打破唯分数论和"一考定终生"的现象，提高学生的综合素质。[1]这是我国当前时期和今后一段时期指导考试招生制度改革的统领性文件，标志着新一轮考试招生制度改革正式启动，并将学生综合素质评价正式纳入我国考试招生制度改革的范畴。同年12月，教育部在总结初步实施阶段成果与经验的基础上，分析了上一阶段学生综合素质评价实践中存在的问题并提出对策，研制并印发了《关于加强和改进普通高中学生综合素质评价的意见》。此政策首次对学生综合素质评价做出概念界定，"综合素质评价是对学生全面发展状况的观察、记录、分析，是发现和培育学生良好个性的重要手段，是深入推进素质教育的一项重要制度"。同时，该政策全面系统地阐述了学生综合素质评价的重要意义、基本原则、评价内容、评价程序、组织管理，明确提出了学生综合素质评价必须坚持"常态化"实施。这是教育政策在学生综合素质评价领域的重要突破点，对学生综合素质评价进行了全新的定位，也为学生发展、学校育人及考试招生指明了方向。这两个政策文本是我国开始全面实

---

[1] 饶丽，卢德生.学生综合素质评价改革的政策走向及阶段特征[J].教学与管理，2019（31）：76-79.

施学生综合素质评价的直接政策依据,至此我国学生综合素质评价工作正式步入新的发展阶段。

2016年9月,教育部印发了《关于进一步推进高中阶段学校考试招生制度改革的指导意见》,该政策基于实践的突出问题提出指导意见,明确改革目标为"到2020年左右初步形成基于初中学业水平考试成绩、结合综合素质评价的高中阶段学校考试招生录取模式和规范有序、监察有力的管理机制,促进学生全面发展健康成长,维护教育公平"。"一基于、一结合"的中考招生录取机制就此得以确立,从高中招生的"结合"到高校招生的"参考",使中学生综合素质评价在不同学段之间建立了关系。2017年12月,教育部印发了《关于推动高校形成就业与招生计划人才培养联动机制的指导意见》,再次就深化考试招生制度改革提出"探索基于统一高考和高中学业水平考试成绩、参考综合素质评价的多元录取机制"。2015—2017年,各省级教育行政部门依据《国务院关于深化考试招生制度改革的实施意见》和《教育部关于加强和改进普通高中学生综合素质评价的意见》,结合本地实际,研究制定省级普通高中学生综合素质评价实施办法,并报教育部备案后公开发布。这几个政策文本的印发表明学生综合素质评价在中学及更高学段招生录取中的作用和地位得以全面确立,且贯穿了中等教育的全过程。❶地方也开始逐步落实政策文件内容,学生综合素质评价工作有序开展。

2019年6月,国务院办公厅发布了《关于新时代推进普通高中育人方式改革的指导意见》,要求构建全面培养体系,"突出德育时代性""强化综合素质培养""拓宽综合实践渠道""完善综合素质评价",明确强调了学生综合素质评价的育人优先功能。学生综合素质评价的内容由原先的"道德品质、公民素养、学习能力、交流与合作、运动与健康、审美与表现"转变为"爱国情怀、遵纪守

---

❶ 董秀华,骈茂林,王欣妙,等.综合素质评价政策实践与功能定位反思[J].教育发展研究,2019,39(17):1-7.

法、创新思维、体质达标、审美能力、劳动实践"。同时，还强调要"以省为单位建立学生综合素质评价信息管理系统，统一评价档案样式，建立健全信息确认、公示投诉、申诉复议、记录审核等监督保障与诚信责任追究制度"。2020年1月，教育部印发《关于做好2020年普通高校招生工作的通知》，提出"推进综合素质档案在招生中使用"。该政策对学生综合素质评价的管理提出了详细要求，"各地要加快推进统一的综合素质评价工作电子化管理平台建设，规范和完善综合素质档案基本格式"，强调了平台建设要与教育数字化发展趋势接轨。国家高度重视高中学生综合素质评价的实施，连续出台了相关政策文件，从评价内容、平台建设、结果应用等多方面提出具体化要求，保障其规范化、公平化和可操作化。

2020年10月，中共中央、国务院印发《关于深化新时代教育评价改革总体方案》，提出"改革结果评价，强化过程评价，探索增值评价，健全综合评价"，着力破除"分数至上、以分数给学生贴标签"的不科学做法，学生综合素质评价以"四个评价"之一的身份进入公众视野。该政策从改进中小学校评价、改革考试招生制度等多方面确立了学生综合素质评价的实施路径，也进一步巩固了其在招生考试评价中的重要地位。

2021年3月，教育部等六部门印发《义务教育质量评价指南》，要求"坚持育人为本"，"面向全体学生，注重综合素质评价，促进全面培养，引导办好每所学校、教好每名学生"。该政策注重育人的两个"全"，即全体学生的全面培养，同时也更加注重个体的个性化发展。该政策还指出"注重线上评价与线下评价相结合。建立县域、学校、学生常态化评价网络信息平台及数据库，完善学生综合素质评价方案"，评价方式由单一的线下评价转变为同步注重线上评价，平台建设由电子化转变为网络化，做了进一步升级。2022年1月，教育部印发了《普通高中学校办学质量评价指南》，提出"充分发挥现代信息技术在评价中的重要作用"，以助力学生综合素质评价开展。2022年11月，教育部办公厅印发了《关于开展信息技术支撑学生综合素质评价试点工作的通知》,提出"遴选一批积极性高、条件具备的区域,开展信息技术支撑学生综合素质评价试点工作";同时,还要求开展"全过程纵向评价、全要素横向评价"的学生综合素质评价,强调建立数据库,形成"数据驱动"的解决方案。这些政策文件的出台,标志着我国学生综合素质评价开始进入数字化时代,评价维度由平面式进阶为立体式,评价方式由单一线下转变为线上和线下并行,提升了评价的质量和效率。

2023年7月,教育部、国家发展改革委、财政部联合发布了《关于实施新时代基础教育扩优提质行动计划的意见》,指出要"完善学生综合素质评价体系,增强评价真实性、科学性、有效性",并且"稳步推进综合素质评价在招生录取中的使用"。该政策再次凸显了学生综合素质评价的重要地位,并且对评价体系建设提出了更新和更高的要求。

深入推进阶段,学生综合素质评价体系的科学性逐步增强,更加注重评价的全面性、全程性和差异性,保证综合素质评价的科学发展。[1]学生综合素质评价的主基调已不在于其选拔功能,根本目标在于育人,强调培养学生的综合能力,培养全面发展的人。同时,学生综合素质评价更加注重实施的常态化和规范化,反映在日常性教育活动和关键事件中。[2]这一时期,各省市结合实际情况组织力量研制本地中考改革方案报教育部备案,并组织开展相关试点工作,规范和完善评价程序,受到广泛关注。总体而言,全面实施学生综合素质评价,将其纳入新一轮考试招生制度改革中,已经成为我国一项基本教育政策,受到越来越多的人的关注和重视。

---

[1] 马嘉宾,张珊珊.推行综合素质评价的操作策略研究[J].中国教育学刊,2017(2):1-5.

[2] 饶丽,卢德生.学生综合素质评价改革的政策走向及阶段特征[J].教学与管理,2019(31):76-79.

第二节

学生综合素质评价的政策分析

从我国学生综合素质评价政策的历史演进来看,中小学阶段学生综合素质评价快速发展,总体上呈现出评价导向科学公正、评价内容清晰完整、评价体系日趋完善的特点。自学生综合素质评价的导向初步形成到深入实施,政策文件始终是有力推手,不仅促进了教育评价体系的革新,而且推动了育人方法的更新,使之更加符合教育发展的规律。在此期间,国务院发布的《关于深化考试招生制度改革的实施意见》(2014)、《关于深化新时代教育评价改革总体方案》(2020),教育部印发的《国家基础教育课程改革实验区 2004 年初中毕业考试与普通高中招生制度改革的指导意见》(2004)、《关于加强和改进普通高中学生综合素质评价的意见》(2014)、《关于开展信息技术支撑学生综合素质评价试点工作的通知》(2022)等文件,都对学生综合素质评价的落实、推进和改革起到了重要作用。

一、学生综合素质评价在"破"与"立"之间寻求立身之道

学生综合素质评价缘起于"破"应试教育困局,是伴随着"立"素质教育发展而被提出的。素质教育作为与"应试教育"相对立的概念,反对违反教育规律、片面追求分数和升学率的现象,更加注重育人的理念与方式。但是在探索过程中,由于对学生综合素质评价相关理论研究的匮乏和认识程度不深,使政策走向在"立""破"之间波动,呈现出某种不和谐的价值冲突,曲折前进。❶在

---

❶ 王洪席.我国综合素质评价政策的演进历程及特征分析——基于(1999—2014 年)政策文本的分析[J].课程·教材·教法,2016,36(12):28-34.

孕育探索阶段,虽然大力宣传发展素质教育,但是这里注重讲"破",却没有讲明白如何"立",使教育实践者无所适从。到初步实施阶段,《国家基础教育课程改革实验区 2004 年初中毕业考试与普通高中招生制度改革的指导意见》的出台,使学生综合素质评价正式登上政策舞台,并且具有了标准化定义及相关内容的延展。然而,此时的评价方式为按"优、良、合格、不合格"四档划定,误认为学生综合素质评价可以通过分数评估,将学生进行等级划分。这种导向致使学生综合素质评价的实施流于形式,无法真正实现其育人的价值。在深入推进阶段,《教育部关于加强和改进普通高中学生综合素质评价的意见》(2014),逐步厘清了学生综合素质评价如何进行常态化和规范化应用,及其在招生考试中的作用。评价方式也由等级评定转变为"写实记录、整理遴选、公示审核、形成档案",增强了科学性。至此,学生综合素质评价经历了由"立起来"到"立住脚"的曲折过程。

学生综合素质评价"破"一考定终身的困局,"立"全面综合评价的新气象。在我国的考试招生历史中,有很长一段时间都是以中高考成绩作为升学和选拔的唯一标准。但是,考试本身具有不确定性,题目的难度区分度变化、学生的临场发挥不稳定等问题都会对考试成绩产生影响,难以测量出其真实能力和水平。学生综合素质评价为破解这一难题提供了路径,不仅关注学生的学业成绩,还关注其全面发展。不同时期的政策文本关于学生综合素质评价的价值定位有所不同,前期表述为"评价结果应作为衡量学生是否达到毕业标准和高中阶段学校招生的重要依据",之后表述为"为高校招生录取提供重要参考"。虽然前期的表述看似学生综合素质评价更加重要,但是当时难以在实践中落地,并没有发挥真正的作用。后期经过政策调整,其表述逐步完善了学生综合素质评价的相关内涵和外延,将其定位为"重要参考",并不是降低了学生综合素质评价的地位,而且使其应用更加规范和谨慎。❶❷历经多次考试招生制度改革并建立了学生综合素质评价试点后,2020年出台的《深化新时代教育评价改革总体方案》指出要"加快完善初、高中学生综合素质评价方案建设和使用办法,逐步转变简单以考试成绩为唯一标准的招生模式",再一次明晰了"立"学生综合素质评价的价值定位。

二、学生综合素质评价由基础教育向高等教育扩展

学生综合素质评价的实施主体主要集中在基础教育阶段,应用主体则扩展到了高等教育,其中最重要的利益主体是初中学校、高中学校和高等教育学校。初中学校和高中学校作为利益主体,都涉及"升学率"的问题,期望能有更多的学生进入更好的学校进行深造。其中,高中学校的利益主体较为特殊,一方面是接收参加中考的学生,另一方面是输送参加高考的学生,起到了承上启下的作用。高等教育院校则希望能录取到综合素质较高、契合学校办学特色的学生,为培养拔尖创新人才做储备。中考涉及的利益主体、利益需求比较相似,均为培养和录取优秀的、全面发展的学生。而高考涉及的利益主体、利益诉求存在一定差异,学生综合素质评价在其中也扮演了不同的角色、发挥了不同的作用。❸

2014年发布的《关于深化考试招生制度改革的实施意见》对高中学校和高等教育院校两个利益主体进行了区分,并且对如何使用学生综合素质评价的结果提出了要求。文件指出,高中要"建立规范的学生综合素质方案,客观记

---

❶ 杨九诠."移步换形"看政策——谈如何解读浙江省高考试点方案[N].中国教育报,2015-03-18(009).

❷ 王洪席.我国综合素质评价政策的演进历程及特征分析——基于(1999—2014年)政策文本的分析[J].课程·教材·教法,2016,36(12):28-34.

❸ 王洪席.我国综合素质评价政策的演进历程及特征分析——基于(1999—2014年)政策文本的分析[J].课程·教材·教法,2016,36(12):28-34.

录学生成长过程中的突出表现,注重社会责任感、创新精神和实践能力",高校要"根据自身办学定位和专业培养目标,研究提出对考生高中学业水平考试科目报考要求和综合素质评价使用办法"。在考试招生过程中,高校对如何使用学生综合素质评价的结果有了更多的自主权,为录取适宜学校发展的学生提供了更多的可能性。但是,这两个利益主体之间由于互动不足也催生了一些问题。一方面,高中学校不知道高校如何遴选及使用学生综合素质评价的材料,导致难以有针对性地准备材料;而高校不知道高中学校如何收集材料,导致评价材料难以使用。❶另一方面,高中学校因为评价结果涉及招生录取,通常会都给学生打出高分或根据学业成绩划定等级,也致使高校难以使用评价结果。

三、学生综合素质评价由主观判断向客观记录转化

学生综合素质评价开展的难度之大,多年来一直是教育领域的一大挑战。这不仅源于其构成要素多,更因评价方式的多样性和高要求也充满挑战。在早先的政策中,学生综合素质评价实施的基本路径是采用学生自评、同学互评、教师评价及家长评价等多种评价方式——"熟人评价"。将这一实施逻辑延伸到高中教育,对于促进学生全面发展有一定的教育学价值与意义。然而,将其应用于高校招生时,流弊和不足也显而易见,评价的客观性和可比性方面存在局限,这些问题不容忽视。❷学生综合素质评价并非局限于传统的测试框架,其初衷也并非对学生进行简单的等级划分,而是旨在为学生的未来规划提供更全面、更准确的参考依据。因此,评价结果应更加侧重对学生全面发展状况的详细记录,减少过度受到评价者主观印象的影响,评价过程应注重写实

❶ 郑若玲,孔苓兰.综合素质评价方案的特征、困境与突围——基于对第三批新高考综合改革方案的分析[J].河北师范大学学报(教育科学版),2020,22(1):19-27.

❷ 王洪席.我国综合素质评价政策的演进历程及特征分析——基于(1999—2014年)政策文本的分析[J].课程·教材·教法,2016,36(12):28-34.

性,日常记录要具体化,以避免直接使用学生成绩或其他量化的方式进行评价。

2014年出台的《关于加强和改进普通高中学生综合素质评价的意见》对"写实记录"进行了详细说明,"教师要指导学生客观记录在成长过程中集中反映综合素质主要内容的具体活动,收集相关事实材料,及时填写活动记录单。一般性的活动不必记录。活动记录、事实材料要真实、有据可查"。随后,2016年出台的《关于进一步推进高中阶段学校考试招生制度改革的指导意见》提道"初中学校和教师要指导学生做好写实记录""初中学校和教师要充分利用写实记录材料"。我国学生综合素质评价的实施路径开始由主观判断向客观记录转化,更加注重真实性和具体性。学生综合素质评价实施的关键是突显证据文化、强调客观记录,而非主观判断。[1]在发展的后期阶段,学生综合素质评价系统的数字化转型也为客观记录工作的顺利推进奠定了坚实的基础。

四、学生综合素质评价由重"选拔"向重"育人"转变

从孕育探索阶段到初步实施阶段,学生综合素质评价的"选拔"功能成为主基调。其间,学生综合素质评价的工具性取向严重,主要用于对学生进行等级划分。实施学生综合素质评价的方向走偏,过多地侧重服务于考试招生这一目标,而其育人功能却被淡化。这与学生综合素质评价最初为促进学生全面发展、推进素质教育开展的出发点有所相悖。从实施现状来看,学生综合素质评价在学校中的实际开展情况并不尽如人意。很多学校对其重视程度不够,导致评价过程往往流于形式,缺乏真正的深度和实效。究其原因:一方面是学生综合素质评价并没有成为学校和教师工作的日常内容,多为完成任务、应付式的结果;另一方面是学生综合素质评价缺乏约束与保障机制,很多教师

---

[1] 张会杰.基于纪实的实施逻辑:学生综合素质评价政策的特征分析及思考[J].考试研究,2015(4).

在开展工作时处于摸索状态,甚至还有教师对学生综合素质评价本身知之甚少。❶面对这种现状,如何使学生综合素质评价更加科学有效、更注重育人价值,深入推进阶段的政策文件给出了有效的解决方案。

2014年出台的《关于全面深化课程改革落实立德树人根本任务的意见》就如何落实素质教育发挥育人功能做出了指导,文件指出"整体规划育人各个环节的改革,整合利用各种资源,统筹协调各方力量,实现全科育人、全程育人、全员育人",以及"加强考试招生和评价的育人导向"。2019年出台的《关于新时代推进普通高中育人方式改革的指导意见》对如何使学生综合素质评价发挥育人功能做出了进一步指示,"把综合素质评价作为发展素质教育、转变育人方式的重要制度,强化其对促进学生全面发展的重要导向作用"。遵循素质教育的基本理念,促进学生健康成长,亟须改变当前评价过于注重工具性取向的现状,让教育回归育人本真。实施学生综合素质评价,可以进一步深化教育教学改革,营造健康的教育生态环境。学生拥有了更多参与实践的机会,不但可以培养其全面发展,还可以聚焦个性特点,促进学生自主发展。另外,学生综合素质评价结果在考试招生中的应用,推动了考试招生模式的改革,逐步实现了从"招分"到"招生"的转变,使教育从"育分"回归"育人"。❷在政策的有力引领下,我国学生综合素质评价正朝向日益科学化与人本化的方向发展。

五、学生综合素质评价由"形式主义"向实用主义转化

前期,社会各界尤其是教育领域对学生综合素质评价普遍持有不关心、不认同的态度,致使学生综合素质评价的效能发挥受限,往往流于形式,难以充分凸显其突破性、变革性作用。为革除"唯分数论""一考定终身"的积弊,诸多

❶ 刘志军,张红霞.普通高中学生综合素质评价:现状、问题与展望[J].课程·教材·教法,2013,33(1):18-23.

❷ 董秀华.综合素质评价实施过程中的共识、争议与隐忧[J].教育发展研究,2020,40(22):28-41.

学者纷纷呼吁将学生综合素质评价纳入高校招生录取的综合考量中。❶

2014年印发的《关于加强和改进普通高中学生综合素质评价的意见》明确指出："高中学校要将学生综合素质档案提供给高校招生使用。高等学校在招生时要根据学校办学特色和人才培养要求，制定科学规范的综合素质评价体系和办法。"这一规定向高等教育院校传递了明确的信号，促使它们从当前的"深度沉睡"状态中觉醒，进而将注意力转向对学生综合素质评价的深入研究与实践应用，以期实现更为全面和精准的人才选拔。该文件的出台，意味着学生综合素质评价的结果将被纳入考试招生，这是我国教育评价改革和创新向前迈进的一大步。由此，学生综合素质评价不再流于形式，而是能够发挥巨大的社会资源动员力量，避免制度空转，最终实现其深远的社会价值。随着人们对学生综合素质评价作用与价值的认知不断加深，同时高校对选拔优秀人才的需求日益迫切，未来的高校招生趋势将越发侧重学生的综合素质表现。这意味着学生综合素质将成为高校招生录取中不可忽视的重要因素。

六、学生综合素质评价由"无保障"向逐步完善进化

从学生综合素质评价的早期政策来看，几乎所有文件都没有提及评价的保障措施、监督机制等支撑内容，仅对评价内容、考试制度等方面做出了要求。2004年出台的《国家基础教育课程改革实验区2004年初中毕业考试与普通高中招生制度改革的指导意见》，在最后一部分指出建立包括公示制度、监督和诚信制度等在内的一系列保障措施。此政策从制度层面保障学生综合素质评价的客观真实性，开始对学生综合素质评价中的不诚信行为进行问责。❷后期出台的政策文件，开始对学生综合素质评价的重要意义、基本原则、评价内容、评价程序和组织管理等方面做出详细阐述，尤其指出通过写实记录、建立学生

---

❶ 崔允漷,柯政.关于普通高中学生综合素质评价研究[J].全球教育展望,2010,39(9):3-8,12.

❷ 熊伟荣.初中学生综合素质评价的问题及其矫正[J].教学与管理,2016(31):26-28.

综合素质评价档案、坚持常态化实施等来规范评价过程。通过这一系列政策的演进,学生综合素质评价的体系结构正在发展中逐渐完善和清晰。

随着学生综合素质评价的顺利推进,社会各界对其重视程度不断加深,评价要素正逐渐受到人们的关注。为了保障学生综合素质评价体系有效运行,必须深刻认识到学生综合素质评价政策内部不同要素之间的关联性与相互作用。因此,不仅需要在政策文件中对评价的内容和方式做出明确规定,还需要进一步构建配套制度,逐步完善学生综合素质评价体系,营造良好的实施环境。

第三节

学生综合素质评价的政策走向

学生综合素质评价体系的建立,深度契合了教育评价改革的核心理念,显著推动了考试制度及人才选拔机制的革新。这一评价体系有力地促进了素质教育的深入实施,并对教学活动的持续优化产生了积极的推动作用。因此,制定和持续完善学生综合素质评价政策,对我国教育事业的长远发展具有极其重大的战略意义。学生综合素质评价从育分模式转向育人模式,使评价不再仅聚焦于学生的分数,而是开始全程记录、全息分析并全面引导学生的整体发展,真正地做到为学生的全面发展而评价,为学生素质的提高而评价。[1][2]学生综合素质评价的研究正在逐步深化,其政策演进与落地实施,不仅为未来的研究和政策制定提供了宝贵的经验和启示,更为我们指明了教育发展的方向。

一、实现制度间的融通

为确保学生综合素质评价能够全面、有序地推进,首先要做好自上而下的顶层设计,最大限度减少评价改革过程中的阻力,有效地凝聚社会共识,形成推动教育改革深入发展的强大动力。国家层面在做顶层设计时,应考虑不同评价、考试、招生制度间的内在联系和相互影响。通过逐步完善不同制度间的融通机制,确保它们能够相互衔接、互为补充,形成一个完整且高效运行的教育评价体系。

目前,国家义务教育质量监测制度、中小学教育质量综合评价改革、中高

---

[1] 刘瑶,卢德生.我国中小学学生综合素质评价政策变迁与展望[J].教育导刊,2019(12):45-50.

[2] 张红霞.综合素质评价校本化实施的实践逻辑探析[J].教育科学研究,2021(10):42-46,53.

考招生制度等对应的国家义务教育质量监测、中小学教育质量综合评价、综合素质评价、核心素养评价等指标框架均有异同之处。❶通过整合和优化各制度相关的指标框架、数据结构、结果应用及工作流程,可以有效减轻各方在实施过程中的负担,提高评价工作的效率和准确性。同时,这种互联互通还能促进各制度间的信息共享和资源整合,为教育决策提供更加科学、全面的依据。这将有助于更好地把握教育发展的全局和趋势,为教育的高质量发展提供坚实保障。

此外,为了确保顶层设计的有效实施,还需要加强各级教育行政部门之间的沟通与协作,建立健全的沟通协调机制,确保各级教育部门能够及时了解并掌握相关政策和制度的最新动态,共同推动学生综合素质评价工作的顺利开展。

二、加强区域联动机制

学生综合素质评价的实施过程因其内在的复杂性与多元化,仅凭学校单方面的努力难以实现全面而深入地推进。为了确保评价工作的有效实施与落地,还需汇聚多方力量共同协作,以实现综合素质评价的全面覆盖和深入实施。

为了确保学生综合素质评价在区域内顺利推进,首先,任务是区域统筹管理,在政策上提供保障与支持。各区域应结合自身特色,系统设计学生综合素质评价的实施方案,先行打破内部行政壁垒,实现机制的融通。同时,充分发挥自主管理的优势,以确保评价工作的顺利进行并取得实效。

其次,区域指导学校落实学生综合素质评价实施方案,加强区本化管理与校本化实施之间的融通。很多区域都倡导"一校一方案",旨在促进学校的多元化发展,但各学校在探索和实施学生综合素质评价时存在差异,导致评价质

---

❶ 辛涛,张彩.中小学教育质量综合评价改革的现状与前瞻[J].中国教育学刊,2018(8):37-41.

量参差不齐,进而影响整体的均衡发展。因此,区域管理机构要整体把控学生综合素质评价的实施流程,确保学校在实施评价时既能保持自身的特色,又能与区域的评价体系相贯通。

最后,加强学生综合素质评价实践的社区联动。区域层面统筹、整合、协调学校资源与社会资源,打通教育系统内外的资源渠道,形成一个优势互补、资源共享的评价网络,为学生综合素质评价的实施提供更优质资源和条件。区域管理机构与社区组织、企事业单位等建立紧密的合作关系,共同制定评价方案、设计评价活动、开发评价资源。尤其是对于留守儿童等特殊群体,可有效解决日常记录与评价难以操作的问题。❶最终,形成从省级到市县区级再到校级的点—线—面相结合的学生综合素质评价实施体系。

三、优化评价系统建设

在当前信息技术飞速发展的背景下,人工智能、物联网和区块链等技术为构建及完善学生综合素质评价系统提供了有力的支撑。然而,在实践过程中各地的平台建设百花齐放,平台成熟化程度参差不齐,评价内容也各有侧重。基于此,国家层面亟须对学生综合素质评价平台建设提出总体要求,并确立统一的标准。各区域先完成既定任务,再提炼特色化评价内容,建成具有本区特色的学生综合素质评价平台。

第一,国家层面统一架构评价系统,区域层面按需接入教育管理、教学数据等相关平台,实现信息互联。该系统可整合并链接学生德育、艺体、心理发展等方面的详细数据和信息,为学生综合素质评价提供更为个性化、全面化和精准化的支持。

第二,评价系统着力解决数据安全、数据治理等深层难题,将评价工作由

---

❶ 辛涛,张世夷,贾瑜.综合素质评价落地:困顿与突破[J].清华大学教育研究,2019,40(2):11-16.

教育管理转变为教育治理。评价系统要建立安全监管制度,严格保障数据信息的存储和传输安全,防止数据泄露和篡改。同时,保障评价过程的透明化,确保评价结果客观、准确,并且能够追溯其来源和依据。

第三,推进评价系统数字化建设,加强对育人过程、育人质量的评价。通过运用科学的方法和先进的技术手段,更准确地收集、整理和分析学生的综合素质数据,推动评价结果的科学应用,切实实现对每个学生的综合素质进行评价,尤其是对时代要求和终身发展必备能力进行"数字画像",彰显全面发展的育人导向。[1][2]

四、提升主体评价能力

在评价学生综合素质的过程中,评价主体的多样性会导致评价结果的明显差异。不同学校、教师和学生对评价指标的理解、所采取的记录方法及实际记录的内容都有所不同,这些差异将直接影响评价结果的信度和效度,让评价结果的使用方对此存有疑虑。[3][4]为提升学生综合素质评价实施的科学性,必须从提升各评价主体的评价能力入手,以确保评价能够真实、准确地反映学生的综合素质水平。

对于教师主体,要形成培训机制,强化对学生综合素质评价的全面理解和实践。积极发挥指导与协助的作用,引导学生对自身客观描述并进行总结与反思,提升评价科学性和公正性。教师要持续提高对学生综合素质评价方案

[1] 田爱丽.综合素质评价:智能化时代学习评价的变革与实施[J].中国电化教育,2020(1):109-113,121.

[2] 张治,刘小龙,徐冰冰,陈雅云,吴永和.基于数字画像的综合素质评价:框架、指标、模型与应用[J].中国电化教育,2021(8),25-33,41.

[3] 袁振国.在改革中探索和完善具有中国特色的高考中制度[J].华东师范大学学报(教育科学版),2018(3).

[4] 董秀华.综合素质评价实施过程中的共识、争议与隐忧[J].教育发展研究,2020,40(22):28-41.

执行、评价方式选取、评价标准制定等方面的专业素养和操作能力。同时，建立即时反馈机制，使教师在评价过程中保持敏锐的观察力，协助学生发现自身不足，并提供针对性的建议，从而有效提升学生的综合素质及自我评价能力。

对于学校主体，构建并完善《学生综合素质评价实施办法》，提升评价结果的适用性。各学校要深入领会国家和区域的相关政策精神，分析本校学生特点和教学特色，构建校本化的《学生综合素质评价实施办法》，建立严格、科学的评价机制，以确保评价过程的公正性和有效性。学校要注重把握评价质量，平衡学生综合素质评价的高利害性与育人目标，避免形式主义，确保评价的真实性和客观性。学校应建立有效的沟通和反馈机制，确保评价结果得到多方的认可和支持。

五、健全评价保障机制

学生综合素质评价，作为一种主观性较强的评价方式，容易受到多种因素的干扰，影响评价结果的公平性。建立健全学生综合素质评价的相关保障机制，能够提升评价的科学与有效性，保障评价结果的真实可信。国家层面要顶层设计监督与管理制度，区域层面要建立与落实监督和管理机制。

第一，建立评价系统信息公开机制，提升学生综合素质评价的公信力。加强信息公开和透明度，及时公布评价的标准、流程、结果等信息，接受社会监督和质询。鼓励群众积极参与评价工作，形成学校、学生、社会等多主体共同监督评价信息真实性和可靠性的良好氛围。致力于实现对学生综合素质进行全面、客观和科学的评价，为学生的全面发展提供有力支持，同时也增强评价的公信力。

第二，建立独立的监督机构，培训评价专员，确保学生综合素质评价具备足够的专业性和权威性。区域层面设立独立的监督机构，负责对整个评价过程进行监督和检查。为确保评价工作的顺利推进，建立健全公示、诚信、申诉复议、责任追究等配套制度,确保学生综合素质评价工作常态化、规范化实施。❶监督机构应具有高度的专业性和独立性,能够及时发现和纠正评价过程中的问题。选拔和培训一批具有专业素养和公正态度的评价人员,确保他们能够按照评价标准和流程进行公正、客观的评价。同时,也可建立第三方机构监督机制,拓展监管路径。❷通过定期检查结合不定期抽查的方式,监督学校的学生综合素质评价的开展情况。

第三,建立诚信体系。学生综合素质评价顺利实施,不仅需要学校全力推进,还需要社会各界力量的支持,构建一个公正诚信的评价环境。由教育行政部门制定一套诚信评价标准,对涉及学生综合素质评价的学校和相关机构定期进行诚信等级评定。若在评价实施过程中发现不符合规定的行为,可以向有关部门进行举报。经核实,需要对学校或机构进行诚信等级调整。若有诚信等级不合格的情况,则要依规进行通报,并做出严肃处理。

---

❶ 刘志军,张红霞.普通高中学生综合素质评价:现状、问题与展望[J].课程·教材·教法,2013,33(1):18-23.

❷ 靳玉乐,樊亚峤.中小学实施综合素质评价的意义、问题及改进[J].教育研究,2012,33(1):69-74.

第三章

学生综合素质评价的文献研究

　　以1999年国家发布推进素质教育的文件为起点,以"综合素质评价"为主题,同时篇名包括"综合素质"在中国知网(CNKI)上搜索文献,从1999年至2024年10月共有3306篇文章,发文趋势如图3-1所示。可以发现,论文发表数量的高峰出现在2015年,即新高考改革文件出台的第二年,随后发文量逐年下降,但也保持在每年150篇以上的水平。随着学生综合素质评价政策和实践改革的推进与不断完善,未来研究论文的发表数量也会随之变化。通过对百余篇发表在C刊或核心期刊及关键作者的研究文献的分析可以发现,关于学生综合素质评价的研究,主要聚焦于本章以下六个方面内容。

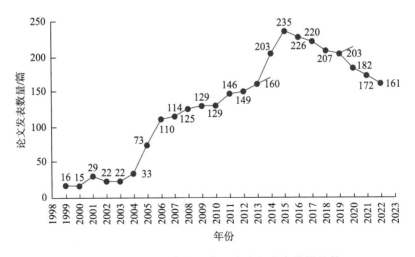

图3-1　学生综合素质评价研究论文发表数量趋势

第一节

学生综合素质评价的内涵研究

对学生综合素质评价的内涵,不同学者从不同的角度进行阐释,形成了不同的认识,虽然在实践中对评价内容取得了较为一致的态势,但对内涵的认识各有侧重。总体来看,对学生综合素质评价内涵的界定主要从以下三个方面展开。

一是从综合素质评价的政策内容谈学生综合素质评价的内涵。关于综合素质评价的政策内容主要涉及两个文件:一个是2005年教育部发布的《关于基础教育课程改革实验区初中毕业考试与普通高中招生制度改革的指导意见》,要求以道德品质、公民素养、学习能力、交流与合作能力、运动与健康、审美与表现六个基础性发展目标为评价内容,对学生进行综合素质评价;另一个是2014年国务院发布的《关于深化考试招生制度改革的实施意见》,要求学生综合素质评价的内容主要包括思想品德、学业水平、身心健康、兴趣特长、社会实践等,以反映学生德智体美全面发展情况。政策定义对学生综合素质评价的实践带来了深远影响,以此为依据,各级地方政府在制定学生综合素质评价方案时,也以上述维度作为理解学生综合素质评价的基点,评价内容有的完全按照上述六个方面或五个方面,或是两个政策文件维度的融合,加之2018年全国教育大会上强调了德智体美劳五育并举,劳动教育后来也增加成为学生综合素质评价的主要内容之一。以此为基础,再确定每个维度的二级指标和相应的观测点,收集信息汇总后转换成分数或等级。这种基于政策内容的学生综合素质评价活动基于理想的"优秀学生"形象出发设计,教育管理部门"有形的手"借助"优秀学生"这只"无形的手",指挥着整个评价活动的开展。❶德智体美劳五育并举的分立性评价方式,一方面导致测评结果无法反映学生的综合表现❷,另一方面还需要思考是否还存在其他有利于学生个人发展并符合社会需要的素质。

二是从学生综合素质评价的本质进行概念界定。李雁冰从素质教育的内涵出发,从三个方面界定了学生综合素质评价的内涵,即学生综合素质评价的本质是个性发展的评价,是真实性、过程性评价,同时也是一种内部评价。❸学生综合素质评价的对象是每一个学生的个性整体,"综合素质"不是各类素质的"组合""组装",不是"整体等于部分之和",而是发现不同素质间的内在联系,使之融合起来、变成个性整体。因此,应基于整体思维、复杂性思维、情境思维、教育思维评价学生,应使用"欣赏性评价"和"表现性评价"让学生展示自己的个性,并使学生的个性和特长不断得到发展完善。此外,李雁冰还强调,我国教育评价改革的根本方向是走向内部评价,中心任务是建立每一所学校的"校本评价体系"。学生综合素质评价是"校本评价体系"的有机构成。实施学生综合素质评价的过程也是发展教育内在价值的过程,让教师和学生成为评价的主体,师生合作实现评价、学习与发展三位一体的目标,共同建构教育意义。作为内部评价的学生综合素质评价和中考高等外部评价,既有区别又有联系,二者相互依存,共同构成素质教育评价体系。

三是从学生综合素质评价是否包含学术能力加以讨论。一种看法认为学生综合素质评价是对学生非学术能力进行评价,即将其理解为通过传统纸笔考试或测试而进行评价的学术能力之外的能力。如张治认为学生综合素质评

---

❶ 柳夕浪.综合素质评价改革的"三个转向"[J].中国教育学刊,2021(4):28-33,74.

❷ 柴唤友,陈丽,郑勤华,王辞晓.学生综合评价研究新趋向:从综合素质、核心素养到综合素养[J].中国电化教育,2022(3):36-43.

❸ 李雁冰.论综合素质评价的本质[J].教育发展研究,2011(24):58-64.

价是指对学生通过纸笔测试所无法反映出来的素质进行测量与评价,这里的纸笔测试主要指学业水平考试、升学考试等为实现"学科学习目标"而设置的相关测试。❶罗祖兵根据2014年发布的《国务院关于深化考试招生制度改革的实施意见》,认为"综合素质评价与统一高考、学业水平考试是并列关系,在评价学生的素质时,它们之间是互补关系。因此可以这样理解,综合素质就是指高考和学业水平考试分数能表征的素质之外的素质"❷。另一种看法则认为学生综合素质评价是学生各方面能力的综合,即将其理解为学习能力、学业水平(前两者共同构成学术能力)和非学术能力的整合。如崔允漷、柯政分析国外学生综合素质评价的经验并结合我国的现状认为,学生综合素质评价的概念既包括学生的非学术能力,也包括其学术能力或学业成绩,同时建议将学生综合素质评价作为整个评价体系的一个基本理念,而不是将其理解为某一项评价制度。❸

---

❶ 张治.大数据背景下普通高中综合素质评价研究——以上海市为例[D].华东师范大学博士学位论文,2017.

❷ 罗祖兵.美国高中生综合素质评价及其启示[J].河北师范大学学报(教育科学版),2019(3):98-103.

❸ 崔允漷,柯政.关于普通高中学生综合素质评价研究[J].全球教育展望,2010(9):3-12.

第二节

学生综合素质评价的功能定位研究

　　教育评价具有育人功能、导向功能、诊断功能、激励功能、矫正和改进功能、选拔功能。学生综合素质评价作为教育评价的一种类型,也具备上述功能。总的来说,学生综合素质评价的终极目标是,构建素质教育新模式和落实立德树人根本任务,促进学生全面而有个性的发展;[1]学生综合素质评价作为一种过程性评价,具有强烈的诊断和导向功能,有助于转变家长、教师和社会大众对学生的"唯分数"评价理念;学生综合素质评价作为破除"唯分数"评价的关键与路径[2],是推进素质教育深化发展的有力抓手;在教育考试中实施学生综合素质评价,不仅丰富了国家教育选才的维度,而且优化了教育考试选拔机制。在考试层面,"唯分数"评价是影响高质量学生评价的主要症结[3],而学生综合素质评价将考试的焦点由分数转移到学生本身,是对分数的祛魅与矫正,有利于推动中考、高考等选拔性考试由"选分"回归到"选人"。

　　关于学生综合素质评价的功能定位,柳夕浪进行了专门的研究和分析。其从教育治理的视角,将评价主体、评价功能作为评价定位研究的关键要素,构建了二维分析框架,将综合素质评价定位划分为统一的发展性评价、统一的选拔性评价、校本的发展性评价、校本的选拔性评价四种不同模式,每一个评价模式的功能和定位各不相同。[4]统一的发展性评价有以下三个特征:一是主要

❶ 袁振国.立德树人的理论内涵与落实机制建设[J].人民教育,2021(Z3):41-44.

❷ 刘志军,徐彬.综合素质评价:破除"唯分数"评价的关键与路径[J].教育研究,2020,41(2):91-100.

❸ 刘志军.综合素质评价:通向高质量教育评价的必由之路[J].中国电化教育,2022(1):24-35.

❹ 柳夕浪.学生综合素质评价定位研究[J].教育研究,2019(11):71-80.

由学校以外的部门或专业机构组织进行的,二是标准化的,三是诊断改进性质的。如上海市自2004年开始组织实施的中小学学业质量综合评价(绿色评价),是检视区域内教育发展情况的综合评价方式,但不足以反映学校和学生个体的特定发展需求,也无法为招生选拔提供服务。统一的选拔性评价有以下四个特征:一是权威性,二是客观性,三是简便性,四是高外部影响力。如某市将初中学生综合素质评价等级与学科等值对待,直接将其纳入高中招生录取。校本的发展性评价是由学校根据教育教学的实际需要组织开展的,其评价内容、指标体系、程序和方法等主要由学校制定;评价与学校日常教育教学过程融为一体,主要发挥着反馈改进功能,不与升学挂钩。校本的选拔性评价主要是招生学校从招生录取的需要出发所进行的人才选拔评价,其特征如下:一是学校本位,学校从自己的培养目标出发,制定相应的评价标准和办法;二是自主选拔;三是多元评价,如上海纽约大学的自主招生。基于以上分析,应将高考综合改革中的学生综合素质评价定位于图中的O点,即培养与选拔、校外与校内之间的平衡点(图3-2)。

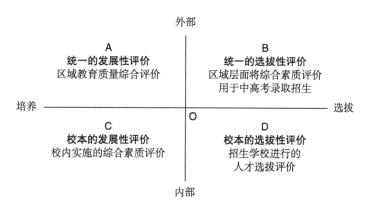

图3-2　评价定位的二维分析框架❶

❶ 柳夕浪.学生综合素质评价定位研究[J].教育研究,2019(11):71-80.

第三节

高中学生综合素质评价相关研究

关于高中学生综合素质评价的研究,因其与高校招生录取直接相关,也是研究者关注的重点领域。纵观来看,关于该部分的研究,主要集中在以下几个方面。

一是高中学生综合素质评价指标研究。2014年《意见》中提出的评价内容包括思想品德、学业表现、身心健康、艺术素养和社会实践五个方面。各省市对评价内容的划分存在以下四种情况:其一是按照《教育部关于积极推进中小学评价与考试制度改革的通知》中的分类方法,将评价内容分为"基础性发展目标"和"学科学习目标"(或"发展性目标")两大类,然后再将每一大类分为若干二级指标。其二是将评价内容分为六个方面,然后再细分为若干二级指标。采用这种分类方式的省市比较多,有湖南省、湖北省、江苏省、吉林省、安徽省等。其三是将评价内容分为德、智、体、美四个方面,以上海市为代表。其四是将评价内容分为"模块修习记录、基本素养评价、实验操作性考查和信息技术等级"四个方面,如广东省、宁夏回族自治区及河北省等。总体而言,各省市学生综合素质评价的内容大体与《意见》的评价内容一致。❶

二是高中学生综合素质评价方法研究。目前,各省市采用最多的评价方法是等级加评语的做法,如天津、浙江等;有学者也提出,目前大多数地区采用的是等级加评语,以等级为主的形式❷。同时,多数学者提出要采用多样化的评

---

❶ 李宝庆,樊亚峤.高中生综合素质评价方案:问题及改进[J].教育发展研究,2012(10):25-29.

❷ 刘志军,张红霞.普通高中学生综合素质评价:现状、问题与展望[J].课程·教材·教法,2013,33(1):18-23.

价方式,根据不同评价内容采用不同的评价方法。如黄志红提出学生综合素质评价作为涵盖广泛、内容丰富的评价,应在具体评价实践中根据不同的评价内容采用不同的评价方法,实现定性评价与定量评价的有机结合。❶邢利红提出采用多样化的学生综合素质评价方式方法,将定量和定性评价相结合,如情境测验、日常观察记录、作品分析等,但评价方式和方法的选择及使用要考虑评价目的和评价内容。高中生综合素质评价的方式方法应多样化且适性化。❷

三是高中学生综合素质评价结果及其应用研究。关于高中学生综合素质评价结果的呈现,《意见》中提到,学校要对相关材料进行汇总,为每位学生建立综合素质档案。档案主要内容如下:①主要的成长记录;②学生毕业时的简要自我陈述报告和教师在学生毕业时撰写的简要评语;③典型事实材料及相关证明。各省市的普通高中学生综合素质评价方案都提到对不同的评价内容采用不同的呈现方式。如黄志提出广东省普通高中生综合素质评价方案,根据评价要达到的目标和具体的评价内容采用不同的方式来呈现:模块修习情况以写实性的记录来反映,基本素质评价用综合性评语描述呈现,并将写实性文字记入学生电子档案;物理、化学、生物、通用技术实验操作考查以"优秀、合格、不合格"三个等级来呈现,信息技术等级考试分为一至五个等级,根据考试结果的不同等级记入学生电子档案;将上述几个方面的评价结果实际呈现在普通高中毕业生电子档案中,不综合为一个最终等级。总体而言,评价结果最终用综合素质档案袋呈现,且不同内容可量化呈现也可用描述性语言呈现。关于评价结果的使用,《意见》中提到两点:一是高中学校适用,指导学生的成

❶ 黄志红.新课程背景下普通高中学生综合素质评价的研究与构想[J].课程·教材·教法,2006(11):17—22.

❷ 邢利红.普通高中学生综合素质评价:高中学校的挑战与路径选择[J].教育理论与实践,2016(11):16—18.

长与发展;二是高校招生使用。各省市的学生综合素质评价实施办法基本提到三个方面的使用:指导学生积极主动发展、促进普通高中学校积极实施素质教育和作为高校选拔人才的重要参考。如安徽、天津、上海等。除此之外,多数学者提到应将学生综合素质评价与高考联系起来。如罗祖兵认为普通高中生综合素质评价应纳入高考体系,因为有利于评价制度改革的深入,有利于促进学生综合素质的发展,有利于推进社会诚信体系的建设。❶普通高中学生综合素质评价成为高考的重要参考已是大势所趋,但怎样利用普通高中生综合素质评价的结果仍是需要继续探究的问题。

四是高中学生综合素质评价问题研究,包括评价指标、实施操作性、评价公平性等问题。众多研究提出普通高中学生综合素质评价指标存在问题,如存在指标模糊、指标不合理、行为指标不统一等问题。一是评价指标模糊,如辛涛、张世夷、贾瑜提到学生综合素质评价在评价指标上存在实践操作性与指标模糊性的矛盾,指出当前学生综合素质评价在内容上和评价标准上都具有较大的模糊性,过于笼统且具有较大的主观性,在涉及对学生的道德品质、心理素质及非认知层面等的评价时,还缺乏有效的技术手段,难以量化和操作。❷二是评价指标不合理,如郑志湖、陈孝杰提出评价指标不合理的两个表现:同一级评价指标之间存在着相互重叠;下级指标没有很好地表征上级指标,彼此之间不具备独立性和完备性。操作性问题主要包括评价指标的计量问题和评价结果的合成困难。❸一方面是评价指标的计量问题,崔允漷、柯政认为如何对某位学生的某一项具体素质,如道德品质进行评价,这是各地在实施高中生综合素质评价时会遇到的一个技术难点。❹另一方面是评价结果的

❶ 罗祖兵.关于将高中综合素质评价纳入高考体系的思考[J].课程·教材·教法,2011(12):17-22.

❷ 辛涛,张世夷,贾瑜.综合素质评价落地:困顿与突破[J].清华大学教育研究,2019,40(2):11-16.

❸ 郑志湖,陈孝杰.基于核心素养的普通高中综合素质评价实施策略[J].人民教育,2018(Z3):69-72.

❹ 崔允漷,柯政.关于普通高中学生综合素质评价研究[J].全球教育展望,2010(9):3-12.

合成困难,如刘丽群、罗祖兵等都提出我国普通高中学生综合素质评价存在不同指标、不同主体、不同阶段的评价结果合成困难。[1]许多研究提出由于评价过程的不诚信现象导致不公平问题,如蔡敏提出造假等不遵守诚信道德的做法,使学生综合素质评价的公正性乃至高考录取的公平性遭到破坏。[2]董裕华也提出高中学生综合素质评价"肠梗阻"的表现之一就是公正性难以保证,在评价结果功利化和诚信机制不够健全的情况下,不少人有"别人造假,我不造假就要吃亏"的心态,最后变成"法不责众",学生为了有个不错的光环,有意填写失实的信息;教师抱着"任务式"心态,评价方法简单草率,常常以文化成绩的好坏作为评定的标准。这种评价过程的应付式和虚假化严重影响其公平性。[3]

五是高中学生综合素质评价对策研究。首先,构建科学的评价指标。多数研究都提到要建立合理、科学的指标体系,如许明丽、陈培霞、陈斌斌、蔡敏、李宝庆等。多数学者,如蔡敏、许明丽等提出探索各个维度的操作性指标,评价指标既要避免指标体系大而全,又要避免面面俱到,既要贴合学生实际,又要具有可操作性。陈培霞提出建立以公民素质、社会品质、学习能力、审美情感和合作意识等为一体的指标体系;建立刚性学生综合素质评价指标体系;严格执行高中生综合素质评价指标体系,建立执行监督机制。[4]李宝庆、樊亚峤提出评价指标以"价值观形成性评价"取代"成果表现性评价",如"运动与健康""审美与表现"两项评价指标应该体现出对学生相应价值观和发展潜能的判

---

[1] 刘丽群,屈花妮.我国普通高中学生综合素质评价的两难困局[J].课程·教材·教法,2016(10):95-100.

[2] 蔡敏.高中学生综合素质评价:现状、问题与对策[J].教育科学,2011(1):67-71.

[3] 董裕华.去功利化愿景下高中综合素质评价路径探析——基于江苏省海安高级中学的实践与思考[J].中国教育学刊,2018(5):95-100.

[4] 陈培霞.完善高中学生综合素质评价体系的思考[J].教育探索,2015(6):39-41.

断,而不是对学生特长或者艺术成就的判断。●其次,增强评价的可操作性。部分研究提出由于评价指标的问题导致评价的可操作性不强,因此认为要细分各级评价指标,各省市和学校在制定高中学生综合素质评价方案的过程中,要尽量做到完善各级指标,进一步细分二级或三级指标,明确主要观测点,尽量避免抽象化,要科学筛选最具有代表性、典型性的行为表现,不重复、不叠加。❷另有研究从方法论角度解决评价的操作性问题,如罗祖兵提出通过"内外符应理论"进行学生综合素质评价,就可以最大限度增加评价的可操作性。这些都是从理论上提出的解决措施,仍不能从实践上增强可操作性。❸最后,保证评价的公平性。由于评价过程的形式化和造假导致不公平的现象,许多学者提出要建立科学合理的管理监督体系和诚信制度等。如杨宝山提出为保证评价体系的公平、公正和公开,需要建立科学合理的社会信用体系;建立国家学生综合素质评价监测体系;建立国家专设机构,用以研究、审查和规范各省文件的制定、实施和监控等;建立学生综合素质评价工作定期专项检查机制,严肃查处评价工作中出现的玩忽职守和违纪舞弊事件,并追究有关人员的责任。蔡敏也提出建立严格的管理制度,包括提高教师、学生、家长及相关人员遵守诚信原则的自觉性;学校要特别重视开展诚信方面的教育,并建立严格的纪律和制度,应成立"评价工作审查小组",负责对评价过程及结果进行认真的监督与核查;各级教育行政部门还需建立相应的制度,包括诚信制度、审查制度、公示制度、举报制度、复议制度、申诉制度、责任追究与处罚制度等,保证评价过程的严肃性及评价结果的客观与公平。●

❶ 李宝庆,樊亚峤.高中生综合素质评价方案:问题及改进[J].教育发展研究,2012(10):25-29.

❷ 程龙.高中综合素质评价功能的虚化及解决策略[J].基础教育课程,2015(14):59-61.

❸ 罗祖兵.关于将高中综合素质评价纳入高考体系的思考[J].课程·教材·教法,2011(12):17-22.

❹ 蔡敏.高中学生综合素质评价:现状、问题与对策[J].教育科学,2011(1):67-71.

第四节

义务教育阶段学生综合素质评价的
相关研究

　　除了高中学生综合素质评价的研究,研究者和一线教师也对义务教育阶段学生综合素质评价的实施情况开展了相关研究。

　　一是义务教育学校学生校本综合素质评价指标体系研究。该研究通常是中小学校开展的个案或校本研究,秉持科学性、全面性、发展性原则,基于多元评价的目的,以国家文件为指导,结合国内外学生评价项目,构建学生综合素质评价指标体系。如冯璐、汪伟、卞崇振将身体健康、精神饱满、品格高洁、科学素养良好、人文素养良好五个方面作为一级指标,构建了学生综合素质评价指标模型,下辖25个二级指标及对应的小学生行为表现。[1]我们使用人工智能技术的"留痕"功能可以采集学生在校内外不同场景中的过程性数据,实现数据的常态化、伴随式收集,通过电子成长手册、五育发展报告、个性化成长空间形成学生个人画像。仇冰倩、吴钢研究制定了上海市J小学学生综合素质评价标准[2],包括两大部分:第一部分由4个一级指标(礼仪星、智慧星、活力星、才能星)、12个二级指标、48条评定等级要求组成,其中,每个一级指标包含3个二级指标,每个二级指标设置4条评定等级要求。第二部分包括两个概括性问题:一是你对该学生综合素质的总体印象是什么。二是你对提高该学生综合

---

[1] 冯璐,汪伟,卞崇振.基于人工智能与大数据的学生校本综合素质评价新生态[J].中国电化教育,2022(8):118-121.

[2] 仇冰倩,吴钢.小学生综合素质评价指标体系的构建及其应用——以上海市J小学为例[J].教育测量与评价,2020(2):43-49.

素质有何建议。通过建立年级学生总得分常模、班级学生总得分常模对学生的整体结果加以分析,并分别针对一级指标和二级指标得分情况分析学生情况。

二是对义务教育学生综合素质评价的实践经验的总结和反思。开展研究最终是为了改进综合素质评价实践,使评价工作科学、有效、常态化开展,因此,对实践经验的总结与反思有助于研究者之间共享智慧经验,反思实践中暴露出的问题,以便更好地改进评价模式。当前多地已开发出不少极具创造性的评价机制,并取得了较好的实践效果。比如,郑州中学附属小学开创了"附小币""校园徽章""成长护照"等机制,促进评价形式的多样化,有助于彰显学生的个性特长❶;上海市曹杨第二中学建设"激励清单"与"负面清单",构建出极具本校特色的综合素质评价体系❷。还有研究者在分析三所学校的评价现状后提出,中小学综合素质评价须确立正确理念、区域整体架构、践行程序公正、建构问责机制、寻求技术支持、营造良好环境。❸这些实践经验的总结与反思为综合素质评价的完善与发展提供了可开展的模式与思路。

❶ 华勇,祖国华,邹丽.以评价促创新发展以发展促品质提升——郑州中学附属小学学生综合素质评价实践研究[J].基础教育课程,2019(7):17-21.

❷ 王洋,易建平.综合素质评价"落地"路线图——上海市曹杨第二中学激励清单与负面清单评价模式详解[J].人民教育,2016(14):45-49.

❸ 朱志平,杨文娟,蔡军,等.让中小学生综合素质评价"平安落地"——基于江苏省常州市中小学综合素质评价个案的思考[J].中小学管理,2014(10):9-12.

第五节

综合素质与核心素养的关系研究

随着北京师范大学2016年发布的学生核心素养研究成果的发布,以及在最新发布的2022年版义务教育课程标准中对核心素养的强调,鉴于综合素质与核心素养均为教育中的深层次和核心要害问题,相关学者开始关注二者的关系并展开相关研究。

一是综合素质与核心素养的关系研究。关于这两个术语的关系,研究者基本取得了一致的观点,即二者既有联系也有区别。首先,从内容上看,综合素质和核心素养的内容都是对人的全面发展的具体化和细化,是实现素质教育的重要途径和载体❶,差别在于具体化的路径不同。核心素养主要包括文化基础、自主发展、社会参与三大方面及相应的六大核心素养,即人文底蕴、科学精神、学会学习、健康生活、责任担当、实践创新,属于教育目的范畴,其落实可从课程改革入手,在教育目的与课程标准之间充当桥梁和纽带作用,使各学科课程标准更加符合教育目的的设想。综合素质则包括思想品德、学业水平、身心健康、艺术素养和社会实践五个维度。这五个维度的发展可以依托综合素质评价改革,综合素质评价属于发展性教育评价的范畴,指向的是人的多方面素质的发展,需要依据教育目的和核心素养开展评价❷。其次,从功能上看,综合素质及其评价的深入开展和核心素养的研制都隶属于教育领域综合改革的范畴,都致力于变革中国教育,使教育更加符合社会发展的需要和青少年儿童发

---

❶ 张红霞,侯小妮.综合素质评价落地的现实症结与突破路径[J].教学与管理,2020(22):72-74.

❷ 肖磊.论核心素养、综合素质评价与人的全面发展[J].河北师范大学学报(教育科学版),2017(3):83-87.

展的需要。不过二者对于教育实践过程中问题的作用方式不同。核心素养通过与课程改革相结合,帮助教师确定各学段、各学科具体的育人目标和任务,进而实现学科的育人价值,是从正向引导教育达到既定的人才培养目标。而与综合素质直接联系的综合素质评价,一方面通过教育价值判断改进教师教学和促进学生学习,另一方面则通过联动高考,成为高校招生录取的重要参考,在考试评价中发挥着重要作用,因此是从反向激励教育实现既定的人才培养目标。❶

二是综合素质评价与核心素养评价的研究。自核心素养提出以后,核心素养评价的问题也随之被提上日程。有学者从核心素养评价面临的三个方面的问题"可不可评、评什么、怎么评"出发,借鉴学生综合素质评价多年的实践经验,总结其对学生核心素养评价的三方面启示:从评价目的看,要明确学生发展核心素养的价值追求,落脚于学生的实际获得、认知和体验;从评价主体看,确立合适的评价主体,形成评价育人合力;从评价方式看,以厘清思维方式为起点,警惕分解式的评价思维,以科学的证据为依据,以学校的课程教学为载体。❷还有研究者从评价主体、评价内容、评价标准、评价方式、评价监督等方面,分析核心素养背景下高中生综合素质评价的困惑;基于对以上困惑的解析,从理论上提出核心素养背景下高中生综合素质评价的发展路径。❸此外,还有一线教师将学生综合素质评价与学生发展核心素养相结合,确立品德表现、学业水平、运动健康、艺术素养、创新实践五个方面的学生综合素质评价指标体系,从记录内容、评价方法、评价过程、评价时间、评价使用及相关的保障体系建设,分析基于核心素养的普通高中综合素质评价校本化实施的策略。❹

❶ 黄光扬.教育测量与评价[M].上海:华东师范大学出版社,2015:40-42.

❷ 程龙.综合素质评价对学生发展核心素养评价的启示[J].现代教育管理,2019(12):36-42.

❸ 章全武.核心素养背景下高中生综合素质评价的发展路径[J].教育科学研究,2018(2):66-70.

❹ 郑志湖,陈孝杰.基于核心素养的普通高中综合素质评价实施策略[J].人民教育,2018(Z3):69-72.

　　三是综合素质(评价)与综合素养(评价)的研究。柴唤友、陈丽等针对现有学生综合评价的理论概念问题,在厘清学生综合评价现有概念——综合素质和核心素养的基础上,明确研究新趋向"综合素养"的概念与内涵,进而构建综合素养的结构模型,以期助力变革和赋能学生综合评价。❶首先,在总结梳理学生综合评价发展脉络的基础上,基于学生综合评价概念中的内涵模糊性和内容维度分立性分析,提出综合素养概念,其是指学生在受教育过程中形成的跨越学科的价值观、必备品格和关键能力的个性化有机融合,也是综合素质和核心素养的有机结合。其次,基于综合素养的内涵分析,厘清包含知识基础层、关键能力层、必备品格层和深化价值观层的综合素养构成框架,并在此基础上构建包含自主发展、社会参与和文化基础的综合素养理论模型,可为综合素养评价工具开发提供理论依据。

---

❶ 柴唤友,陈丽,郑勤华,王辞晓.学生综合评价研究新趋向:从综合素质、核心素养到综合素养[J].中国电化教育,2022(3):36-43.

第六节

现代信息技术赋能下的学生综合素质评价研究

近年来,随着现代信息技术(如大数据、云计算、区块链等)的发展,相关学者也尝试使用这些技术赋能学生综合素质评价,提出了相关理论构想和结构模型,以期破解学生综合素质评价长期面临的实践难题。

一是基于大数据技术构建学生综合素质评价理论模型。张治、戚业国结合数据分析技术和学习科学的发展,从理论上构建了一个基于大数据技术的多源多维学生综合素质评价模型。❶该模型综合考虑多源数据的汇聚与整合,试图将学生客观信息的采集范围扩大至课堂内外、正式和非正式学习环境、线下和线上学习、学习活动和生活表现等多个领域,获取能映射学生综合素质相关的数据,形成系统、完备的学生成长大数据。整合并标准化能够反映学生综合素质的多源数据,建立学习分析模型,开展大数据分析对学生综合素质进行多维度、全方位的评价,形成基于大数据的学生个体和群体的综合素质数字画像。杨鸿、朱德全等探讨了大数据时代学生综合素质评价的方法论、价值与实践导向。❷研究发现,大数据的整体思维、复杂思维和相关思维是方法论的变革,正引领着学生综合素质评价的范式转型。大数据对学生综合素质的全面诊断、精准预测可以促进学生的生命成长,实现教育价值的回归。大数据对学

---

❶ 张治,戚业国.基于大数据的多源多维综合素质评价模型的构建[J].中国电化教育,2017(9):69-77,97.

❷ 杨鸿,朱德全,宋乃庆,周永平.大数据时代学生综合素质评价:方法论、价值与实践导向[J].中国电化教育,2018(1):27-34.

生综合素质评价的全域关照、立体全息和主体增值,可以推进"以学生为中心"智慧评价体系的构建。田爱丽探讨了基于大数据的智能化学习评价在学生综合素质评价中的应用,基于大数据的智能化学习评价的主要目标与功能诉求是评价出传统纸笔测试评价不出的学生素质,并促进学习与评价一体化。●个性化评价标准、伴随式数据采集、实时生成的评价报告,是智能化学习评价的主要方法。在此过程中,建设全域的数据终端、建立科学的评价模型、较强的算力支持及保护学生信息隐私等,则是实施智能化学习评价的关键要素与保障条件。

二是基于区块链技术设计学生综合素质评价理论系统。郑旭东、杨现民认为区块链作为一种新型的分布式数据存储技术,具有去中心化、点对点传输、共识机制、加密防伪和智能合约等技术优势。❷构建和应用基于区块链的学生综合素质评价系统,不失为解决学生综合素质评价问题的一条有效途径。基于 Hyperledger Fabric 设计的学生综合素质评价系统架构,包括基础设施层、网络层、共识层、数据层、智能合约层、接口层和应用层,可在宏观治理层面支持弱中心化的评价联盟运行,在中观评价层面实现安全、可信、溯源的数据录入,评价实施,结果查询与应用等评价过程。但建设和应用基于区块链的学生综合素质评价系统,是一项系统性工程,需要不断明确和解决理念、技术、数据、算法、制度等方面的问题。

三是以数字画像或人工智能探索学生综合素质评价的新方式。张治、刘小龙等围绕学生综合素质评价的数字画像构建,从指标体系层、数据实践层以及

---

❶ 田爱丽.综合素质评价:智能化时代学习评价的变革与实施[J].中国电化教育,2020(1):109-121.

❷ 郑旭东,杨现民.基于区块链技术的学生综合素质评价系统设计[J].现代远程教育研究,2020,32(1):23-32.

数字画像层设计了基于数字画像的学生综合素质评价框架。[1]首先,基于学术研究文献和政策文本的梳理归纳,形成核心素养视域下的学生综合素质评价指标体系。其次,考虑指标体系中不同维度数据的采集难易程度及技术要求,提出包含必选数据项、可选数据项及拓展数据项的MIPAL数据模型,进一步将学生综合素质评价指标与三类数据项分别进行映射转换。以必选数据项的部分数据为例,构成学生"五育"表现的标签,并给出了利用数字画像技术以全面、立体、客观地评价学生综合素质的方法。最后,从因材施教、生涯规划、家校共育、考试招生及教育治理方面,对数字画像的具体应用策略进行阐述,表明了基于数字画像的学生综合素质评价对于促进学生综合素质发展,以及基础教育质量提升的价值。刘金松、徐晔研究了普通高中学生综合素质智慧评价的动因、内涵与实施。[2]普通高中学生综合素质智慧评价以人工智能技术为支撑,统筹机器评价与人的评价,以促进学生的全面发展为目标,其在评价内容、评价方式、评价主体和评价结果四个方面,促进传统评价的现代化转型。推动智慧评价应用于普通高中学生综合素质评价,需要借助成熟的技术框架,同时也应理性看待智慧评价及其作用与地位、建设相关落实机制、培育第三方专业评价机构、防范和消解相关技术伦理问题。

四是现代信息技术赋能学生综合素质评价的实际应用研究。王殿军、鞠慧、孟卫东所在的清华大学附属中学,围绕学生综合素质评价的核心问题展开探索,借鉴现代教育理论,借助云计算、大数据等现代化信息技术,率先开发了基于大数据的学生综合素质评价系统。[3]该系统在落实立德树人根本任务、遵

---

[1] 张治,刘小龙,徐冰冰,陈雅云,吴永和.基于数字画像的综合素质评价:框架、指标、模型与应用[J].中国电化教育,2021(8):25-33.

[2] 刘金松,徐晔.普通高中学生综合素质智慧评价的动因、内涵与实施[J].课程·教材·教法,2021(7):47-54.

[3] 王殿军,鞠慧,孟卫东.基于大数据的学生综合素质评价系统的开发与应用——清华大学附属中学的创新实践[J].中国考试,2018(1):46-52.

循学生身心发展和教育教学规律的基础上,注重以学生行为为依据,关注学生成长的过程性与发展性,注重参与主体、评价体系、结果呈现和发展趋向的多元性,注重数据的动态量化和真实性,帮助学生真实地了解自我,明晰自身的优势特长和发展短板,让每一个学生都找到适合自身成长的方式。经过四年多的实践检验,该系统实现了学生发展和学校教育教学管理、各级学校人才选拔的双向共赢,发挥了学生综合素质评价育人导向与评价选拔的双重功能,具有过程性、多元性和实测性等创新点。

第四章

学生综合素质评价的模式研究

随着教育改革的深入推进,学生综合素质评价作为提升教育质量、促进学生全面发展的重要工具,逐渐成为各方关注的焦点。然而,尽管这一改革已持续多年,各种评价模式的探索与实践仍面临诸多挑战。从历史发展来看,学生综合素质评价经历了从单一化到多元化的转变。早期,学生综合素质评价主要依赖学业成绩和标准化测试,忽视了个性化发展与实践能力。进入21世纪,多元化评价模式逐步登场:基于标准的模式依赖统一标准,基于适应性的模式关注学生的成长潜力与差异,基于事件的模式则强调特定情境下学生的行为表现。这些模式在实践中不断碰撞和融合,形成了丰富的评价路径和方法论,为教育者提供了更多的选择和思考空间。

第一节

学生综合素质评价的常见评价模式

评价模式是一种系统的方法,用于收集、分析和解释有关某一对象或现象的信息,以便对其进行评价和改进。评价模式通常包括评价目的、评价对象、评价标准、评价指标、评价方法、评价结果和评价反馈等要素。

评价模式的产生和发展与社会、经济、政治和科技等因素密切相关。最早的评价模式可以追溯到古代的军事、政治、教育等领域,如孙子兵法中的"五事""五虑""五势"等评价方法❶,古希腊的"三段论""五段论"等逻辑推理方法,古罗马的"六艺"等教育评价方法等。评价模式的发展经历了从定性到定量,从单一到多元,从描述到解释,从评价到改进的过程。20世纪初,随着科学管理理论的兴起,评价模式开始注重数据的收集和分析,采用数学、统计等工具进行量化评价,如泰勒的"差别计件工资制"等。20世纪中期,随着行为科学理论的发展,评价模式开始关注人的需求、动机和态度等心理因素,采用观察、访谈、问卷等方法进行定性评价,如马斯洛的"需求层次理论"等。20世纪后期,

---

❶ "五事"是指敌我双方的政治、天时、地利、将帅素质、法规制度,是研究和指导战争的基本依据。孙子说:"故经之以五事,校之以计而索其情:一曰道,二曰天,三曰地,四曰将,五曰法。"

"五虑"是指敌我双方的君主、将领、天时、地利、法令,是预测战争胜负的具体条件。孙子说:"故校之以计,而索其情,曰:主孰有道?将孰有能?天地孰得?法令孰行?兵众孰强?士卒孰练?赏罚孰明?吾以此知胜负矣。"

"五势"是指敌我双方的兵力、粮草、财物、武器、器械,是决定战争胜负的实际因素。孙子说:"故善动敌者,形之,敌必从之;予之,敌必取之。以利动之,以卒待之。故善战者,求之于势,不责于人,故能择人而任势。任势者,其战人也,如转木石。木石之性,安则静,危则动,方则止,圆则行。故善战人者,如率水之行,而不知其所以然。"

随着系统论和评价理论的建立,评价模式开始综合运用定性和定量的方法,从多个角度和层次进行评价,不仅描述评价对象的现状,还解释评价对象的原因和后果,提出评价对象的改进措施,如斯塔夫尔的"CIPP模式"❶等。

进入21世纪,评价模式的发展呈现出更加多元化、科学化及国际化等趋势。评价模式的多元化体现了评价模式的创新性和灵活性,也促进了评价模式的交流和借鉴。例如,ESG评价模式是一种基于环境、社会和治理三个维度的评价模式,主要用于评价企业或机构的可持续发展能力和社会责任。❷评价模式的科学化是指评价模式的理论、方法、技术、标准等方面的科学性和规范性,是提高评价质量和效果的一个重要保障。例如,多模态机器学习评价模式(Multimodal Machine Learning,MML)是一种利用多种模态的数据,如文本、图片、音频、视频等,进行机器学习的评价模式,主要用于评价机器人的智能水平和应用范围。评价模式的国际化是指评价模式的跨国、跨地区、跨文化的应用和传播,体现了评价模式的开放性和包容性,也促进了评价模式的交流和合作。例如,PISA评价模式是一种由经济合作与发展组织(OECD)主导的评价模式,主要用于评价15岁学生的阅读、数学和科学素养,涵盖了70多个国家和地区。

学生综合素质评价模式是指对学生在思想品德、学业水平、身心健康、艺术素养和社会实践等方面的综合性评定与判断的方法和方式。根据不同的评价目的和依据,可将学生综合素质评价模式划分为基于标准的学生综合素质

---

❶ CIPP模式由美国的斯塔弗尔比姆于1966年提出的,这一模式包括背景评价(Context)、输入评价(Input)、过程评价(Process)、成果评价(Product)四个方面,它强调这四种评价为决策的不同方面提供信息。

❷ ESG是Environmental(环境)、Social(社会)和Governance(治理)三个英文单词的首字母缩写的合称。目前,ESG评价模式主要运用于投资领域,已成为影响投资决策的重要参考,是从环境、社会、公司治理三个非财务维度来评价企业的指标,评估企业(投资对象)在促进经济可持续发展、履行社会责任等方面的贡献。

评价模式、基于适应性的学生综合素质评价模式和基于事件的学生综合素质评价模式。其中,基于标准的学生综合素质评价的评价目的是检验学生是否达到教育目标和课程要求,使用标准化的评价工具(如试卷、量表、评分表等),来对学生的表现进行等级划分、排名排序、证书颁发等。基于适应性的学生综合素质评价的评价目的是适应人才培养的变化和需求,使用适应性评价工具(如计算机适应性测试、项目式评价、档案袋评价等),来对学生进行能力分析、潜能发掘、个性化指导等。基于事件的学生综合素质评价的评价目的是促进学生的学习反思和改进,使用事件化的评价工具(如案例分析、问题解决、学习日志等)为学生提供反馈交流、自我评价、学习规划等。三者间并不是互斥或排他的关系,而是相互补充、相互融合的关系,在实际应用中可根据具体情况或需求选择适合的评价模式。

一、基于标准的学生综合素质评价模式

基于标准的学生综合素质评价是指根据教育目标和要求,制定一系列具体、明确、可操作性的评价标准,对学生在思想品德、学业水平、身心健康、艺术素养和社会实践等方面进行全面、客观、公正的评价。该评价模式的目的是促进学生全面发展,提高学校办学质量,为学校招生录取和用人单位提供重要参考。

基于标准的学生综合素质评价模式的常用评价方法,包括学校自评及各级政府统筹评价,采用量化和质性相结合的方式,形成学生的综合素质档案。这种评价模式的评价结果是对学生的综合素质进行综合分析和评价,并进行等级划分或分数评定,作为学生的重要成长证明,同时作为学校教育教学改革、课程建设、教师培训等的重要依据。当前基于标准的学生综合素质评价可划分为过程性评价和结果性评价。过程性评价主要是对学生在课堂教学或实践活动中所表现出来的知识掌握、技能运用、态度情感等方面进行持续、及时、全

面的观察和反馈,以促进学生自我调节和提高。结果性评价则是对学生在课程结束时所达到或完成的知识水平、技能水平等方面进行定期或终结性地检测和分析,以了解学生整体或个别方面存在的优势和不足。

当前国内外常用的评价工具主要有两大类。一是试卷、量表、评分表等,通过给学生的答题或作品打分或分级,反映学生的知识掌握或技能水平,这是最常见的评价工具。例如,美国的"标准参照评价"(Criterion-Referenced Assessment,CRA),根据学生应该掌握的学习标准,设计具有清晰的评分标准和等级划分的评价工具,如试卷、量表、评分表等,对学生的学习表现进行评价,给出学生的分数或等级。二是模拟式测评(Simulation-Based Assessment,SBA)或游戏式测评(Game-Based Assessment,GBA),通过给学生提供一个完整、真实且开放的问题情境,让学生在任务情境中自由探索和表达,反映学生的综合能力和问题解决能力,其目前是较为新型的评价工具。例如,国际教育成就评价协会(International Association for the Evaluation of Educational Achievement,IAEEA)近年来开始大规模施行的问题解决与科学探究能力的人机交互式测评,就采用了模拟式测评方式。

常见的评价结果主要以以下三种形式呈现。一是分数或等级,通过给学生的答题或作品赋予一个数值或一个类别,表示学生的学习水平或能力水平。例如,CRA的评价结果就是给学生的答题打分或分级,如优秀、良好、及格、不及格等。二是能力描述或素质档案,通过对学生的能力或素质进行描述或记录,表示学生的学习表现或发展情况。例如,SAB的评价结果就是给学生的能力分为四个等级,并对每个等级的能力特征进行描述,如基础、发展、熟练、优秀等。三是学习反馈或指导建议,通过对学生的学习过程或结果进行分析或评价,提供学生的学习反馈或指导建议,帮助学生了解自己的学习优势和不足,提高学习效果或目标。评价结果主要用于学校教育管理及社会教育评价。学校可以根据评价结果,了解学校的教育质量和效果,找出学校的教育优势和不足,制定科学的教育目标和政策,调整教育资源和支持,提供有效的教育监督和评估,促进学校的教育改进和发展。教育行政部门可以根据评价结果来了解社会的教育状况和需求,找出社会的教育问题和挑战,制定合理的教育标准和规范,调整教育投入和保障,提供公正的教育评价和认证,促进社会的教育公平和质量。

基于标准的学生综合素质评价模式具有如下优点:一是体现了教育评价的规范性和权威性,有利于形成统一的评价标准和规则,保证评价的公平性和可信度;二是注重评价过程和结果的反馈和改进,强调评价内容和方法的科学性和有效性,促进学生自我认识和自我发展;三是有利于建立以发展素质教育为导向的教育评价体系,突出培养学生的核心素养和综合能力,促进学生德智体美劳全面发展。该评价模式存在如下不足之处:一是可能忽视学生的个性差异和多样化需求,导致评价标准过于刻板和单一,不利于发现和培养学生的特长和潜能;二是可能受到教育资源不均衡的限制,导致评价标准的实施难度和效果不一,不利于促进教育公平和质量均衡;三是可能受到传统的考试评价的影响,导致评价标准的设置和运用过于依赖于量化的数据和分数,不利于反映学生的真实水平和全面情况。

二、基于适应性的学生综合素质评价模式

基于适应性的学生综合素质评价模式,是指根据不同阶段、不同环境、不同情境下学生所面临的挑战和需求,灵活调整评价内容、方式和标准,对学生进行多元化、个性化、差异化的评价。该评价模式的目的是适应社会发展变化和个体成长特点,提高评价的针对性和有效性,培养创新人才,增强学生的适应能力和创造能力,促进学生终身发展和社会发展。常用的评价方法为通过自评、互评、专家评、第三方评等多种评价主体,采用问卷、测试、观察、访谈等多种评价工具,综合运用量化和质化等方式来形成学生的综合素质报告。

当前国内外常用的基于适应性的学生综合素质评价工具主要有计算机适应性测试、项目式评价及档案袋评价等。计算机适应性测试（Computerized Adaptive Testing，CAT）是一种根据学生的答题情况，实时地选择适合学生能力水平的试题，从而减少无效试题，提高评价的精度和效率的评价工具。CAT可以用于学业水平、语言能力、职业能力等多个领域的评价。项目式评价（Project-Based Assessment，PBA）是一种根据学生的兴趣和专业，让学生选择不同的项目主题，进行跨学科的协作和创新，从而培养学生的综合素质和能力的评价工具。PBA可以用于历史、科学、艺术等多个领域的评价。档案袋评价（Portfolio Assessment，PA）是一种根据学生的学习过程和结果，收集和展示学生的作品、报告、日志等多种形式的证据，从而反映学生的全面发展水平的评价工具。PA可以用于德智体美劳等多个方面的评价。

评价结果是对学生的综合素质进行多维度、多方面的评价，反映学生的个性特长和优势潜能，为学生提供个性化的学习指导和发展建议。评价结果一般有以下几种形式：一是分数或等级，通过给学生的答题或作品打分或分级，反映学生的知识掌握或技能水平。例如，美国ETS组织的GRE考试就是一种基于计算机适应性测试（CAT）的评价方式，根据学生的答题情况，实时地选择适合学生能力水平的试题，最终给出学生的分数或等级。二是能力分析或潜能发掘，通过对学生的答题或作品进行多维度的分析，反映学生的能力结构或潜能特征，这是一种更加深入的评价结果形式。例如，科大讯飞推出的自适应学习平台，可以根据学生的学习数据，动态地调整学习内容和难度，为学生提供个性化的学习路径和反馈，同时给出学生的能力分析或潜能发掘报告。三是形成学生的综合报告，通过对学生的德智体美劳等方面进行系统的考查和总结，反映学生的综合素质或全面发展水平。例如，OBE教育模式下的学生立体评价，通过记录学生的品行日常表现、课堂参与和课堂纪律、参与劳动教育

课程学习和实践情况等,形成学生的综合素质档案。❶

　　基于适应性的学生综合素质评价结果主要有以下三个方面的应用。一是用于学生的自我评价和自我提升。学生可以通过查看自己的评价结果,了解自己的学习状况和发展水平,找出自己的优势和不足,制定合理的学习目标和计划,调整学习方法和策略,提高学习效果和兴趣。二是用于教师的教学评价和教学改进。教师可以通过查看学生的评价结果,了解学生的学习需求和发展潜能,分析学生的能力结构和特征,设计差异化和适应性的教学内容和方式,实施个性化和因材施教的教学指导,提高教学质量和效率。三是用于学校的教育评价和教育改革。学校可以通过查看学生的评价结果,了解学校的教育质量和效果,分析学校的教育优势和不足,制定科学的教育目标和政策,实施创新的教育模式和方法,提高教育水平和竞争力。

　　基于适应性的学生综合素质评价模式的优点如下:一是体现了教育评价的灵活性和开放性,有利于适应社会发展变化和个体成长特点,提高评价的针对性和有效性;二是注重评价过程中对学生全面发展状况的观察、记录和分析,强调评价内容与实际需求相结合,促进学生主动参与和自主探究;三是有利于培养创新人才,增强学生的适应能力和创造能力,促进学生终身发展和社会发展。与此同时,该评价模式也具有如下缺点:一是可能导致评价标准的不确定性和多样性,造成评价的混乱和不统一,影响评价的公平性和可比性;二是可能增加评价的难度和复杂性,要求评价者具有较高的专业水平和判断能力,增加评价的成本和风险;三是可能存在评价的主观性和偏差性,导致评价结果的不准确和不可靠,影响评价的信度和效度。

---

　　❶ 基于学习产出的教育模式(Outcomes-based Education,OBE)最早出现于美国和澳大利亚的基础教育改革。

三、基于事件的学生综合素质评价模式

基于事件的学生综合素质评价是指根据具体发生在教育活动中或之外的重大事件或突发情况,对学生进行及时、有效的反馈和处理。评价目的是解决教育实践中的突出问题和紧急需求,提高评价的实用性和有效性,培养解决问题的人才,增强学生的应对能力和挑战能力,促进学生实践发展和社会发展。

这种评价方式的评价方法是采用事件分析、情境模拟、案例讨论等方式,对事件或情况本身及其影响因素进行分析判断,对学生的反应和行动进行评价和指导。当前常用的评价方式主要包括学生画像评价法和典型事件评价法等。学生画像通常使用智能化分析系统作为评价工具,利用大数据分析、机器学习、人工神经网络等技术的评价工具,通过对学生的各类数据,如行为、成果、反馈等信息,进行收集、处理、分析、可视化等操作,提供学生的画像、诊断及建议等评价服务。典型事件评价法是指根据学生在学习和生活中遇到的具有代表性、典型性和启发性的事件或问题,设计不同的评价任务,对学生的学习能力和素质进行评价,给出学生的反馈或建议。典型事件评价法通常使用案例分析作为评价工具,来分析和解释具有代表性或典型性的事件或情境中所体现出来的能力或问题之间关系和规律性的工具,如对事件或情境中涉及多个要素(如知识、技能、态度等)之间相互作用和影响机制进行描述和解释。案例分析可以帮助评价主体更深刻地理解学生成长过程中所遇到并解决问题所需要运用到哪些方面(如知识、技能、态度等),以及如何提高这些方面。

基于事件的学生综合素质评价模式具有显著的优点:一是体现了教育评价的时效性和针对性,有利于解决教育实践中的突出问题和紧急需求,提高评价的实用性和有效性;二是注重评价过程中对事件或情况本身及其影响因素进行分析判断,强调评价内容与实际效果相结合,促进学生快速反应和积极行动;三是有利于培养解决问题的人才,增强学生的应对能力和挑战能力,促进

学生实践发展和社会发展。该评价模式也存在亟待解决的问题:一是可能受到事件或情况的局限性和不可预测性,造成评价的随意性和不稳定性,影响评价的规范性和可控性;二是可能忽视了学生的全面发展和长远发展,导致评价的片面性和短视性,影响评价的全面性和长效性;三是可能存在评价的偶然性和误差性,导致评价结果的不客观和不公正,影响评价的公信度和公认度。

第二节

学生综合素质评价模式的实践应用

一、基于标准的学生综合素质评价模式实践

当前国内外基于标准的学生综合素质评价模式实践,主要集中于根据教育目标和课程要求开展的结果性评价和过程性评价。各国对于各学习阶段结束时广泛开展的标准化测试通常属于结果性评价,IEA等机构基于课程标准开展的国际大规模测评、各国中小学日常开展的基于学习任务的测评项目,均属于过程性评价。

部分国家和地区在开展学生综合素质评价中仍然重视对学生学业成绩的考核,如日本、英国、法国及中国,均会在学生结束某阶段教育经历时,采用基于标准的测评模式来检验学生是否掌握了基本知识。日本学生综合素质评价内容主要包括三个部分,即"学科学习""综合学习时间""特别活动"。其中,学科学习主要考查学生是否修满必修课及选修课,以及在小学毕业升入初中时的毕业考试(申请入学考试)的成绩是否达到要求。英国采用统一考试"英国普通中等教育证书"(General Certificate of Secondary Education, GCSE),及"英国高中课程"(General Certificate of Education Advanced Level, A-Level)等评价方式,来评估学生结束相应学段时的综合素质是否达到国家标准。法国在基础教育阶段结束时,采用定性和定量相结合的形式来评估学生的学科知识及能力;学生需要参加由学区组织的终期测试,包括4场笔试和1场口试。其中,笔试考查学生对各学科基本知识的掌握情况和应用能力,口试以"口头论述+答辩"的形式进行,旨在考查学生的表达能力及思考过程。我国大到全国范围内

组织同一时间同一试卷的中考、高考,小到学校组织的年级统考,都是考核和评价学生表现是否满足相应阶段的标准。

在实际开展学生综合素质评价工作时,有部分国家和地区开展基于标准的过程性评价。例如,英国运用"课程作业"(Coursework)来考查学生的知识、能力、理解、合作、沟通、综合运用、创造性、独立学习的技能、积极参与的态度及在完成作业过程中的诚信度;任课教师依据学生的日常课堂表现和递交的证据材料,按照考试机构提前制定的指导培训方案和评分细则,对学生的课程作业成绩进行评分,还要提供给出该分数的评分理由和依据,同时应尽量准确地在作业中标注满足相关的评价标准的内容,使得考生及相关人员能够明晰得分的理由。美国部分学校采用"标准参照评价"(Criterion-Referenced Assessment,CRA)评价方式,根据学生应该掌握的学习标准,设计具有清晰的评分标准和等级划分的评价工具(如试卷、量表、评分表等),对学生的学习表现进行评价,给出学生的分数或等级。新加坡则开展了"学校基础能力评价"(School-Based Assessment of Basic Competencies,SBABC),根据学生在小学阶段应该具备的基本能力,设计不同的评价任务(如阅读、写作、口语、数学等),对学生的学习能力进行评价,给出学生的能力等级。这种评价方式可以帮助学生建立自信,发展个性,培养终身学习的能力。澳大利亚开展了"国家评估计划—文化素养和数学能力"(National Assessment Program—Literacy and Numeracy,NAPLAN),根据学生在阅读、写作、语言知识、数学等方面的国家标准,设计统一的评价试卷,对三年级、五年级、七年级和九年级的学生进行评价,给出学生的分数和能力水平。我国浙江省、广东省的部分城市,当前也就如何根据课程标准对低年级学生开展综合素质评价进行了积极探索,如组织主题活动、团队合作项目及口头汇报等形式来考评学生的综合表现。

二、基于适应性的学生综合素质评价模式实践

信息技术的快速发展,为开展基于适应性的学生综合素质评价提供了评价载体和评价技术。

美国部分中学搭建了自适应学习平台,如 Knewton、DreamBox、ALEKS 等,可以根据学生的学习数据,动态地调整学习内容和难度,为学生提供个性化的学习路径和反馈。这些平台利用大数据分析和人工智能技术,构建了学科知识图谱、学生模型、推荐引擎等组件,实现了对学生的持续自适应评价。新加坡也开展了基于项目式学习(PBL)的学生评价实践,如新加坡部分中学开设"创新与设计"课程,可以根据学生的兴趣和专业,让学生选择不同的项目主题,进行跨学科的协作和创新,从而培养学生的综合素质和能力。我国也开展了基于适应性的综合素质评价实践探索。科大讯飞集团就基于适应性的学生评价实现了基于人工智能、大数据和云计算等新技术,实现学生学习数据的实时采集、深度分析和智能应用;基于学生的学习进度、效果和需求,提供及时的反馈和指导,为学生的个性化发展提供支持;基于学生的学习表现、成长目标和发展建议,形成学生的电子档案,为学生的综合素质评价提供载体。

三、基于事件的学生综合素质评价模式实践

当前国内外基于事件的学生综合素质评价的实践主要集中于以下两个方面:一是伴随性评价,即根据学生成长中遇到的某些具体事件或情景设计不同的评价任务,来对学生的综合表现进行评价;二是后验性评价,即学生根据一定的标准来选择最能代表自己综合素质的事件,来开展自评和他评。

当前美国中小学校经常使用的"问题导向学习"(Problem-Based Learning,PBL)评价方式,新加坡中小学校常用的"表现任务评价"(Performance Task Assessment,PTA)评价方式,以及我国上海市宝山区开展的学生画像等均属于伴随性评价。PBL 是根据学生在成长过程中遇到的真实或虚构的问题,设计具有

挑战性和探究性的评价任务,让学生在小组合作的方式下,通过收集信息、分析问题、提出解决方案、展示成果等步骤,对问题进行深入的探究和解决。这种评价方式可以帮助学生发展高阶思维、批判性思维、创造性思维等能力,提高学生的兴趣和动机。PTA根据学生在成长过程中遇到的具体事件或情境,设计不同的评价任务,如演讲、辩论、戏剧、展览、实验等,对学生的学习表现进行评价,给出学生的评分或等级。这种评价方式可以帮助学生展示自己的知识、技能、态度和价值观,提高学生的自信心和表达能力。上海市宝山区基于大数据和人工智能技术,对学生的学习、生活、健康等多方面的数据进行收集、分析、评价和应用,形成对学生综合素质的客观、全面、动态的数字化描述。学生画像是宝山区教育数字化转型的重要内容,也是推进教育公平优质、均衡发展的有效手段。宝山区已经在22所试点学校部署了数字基座"未来宝",并建立了学生和教师的数字画像系统,以实现个性化学习、因材施教、科学决策等目标。

成都市青羊区开展的基于典型事件的学生综合素质评价属于后验性评价。一方面,优化数据管理,搭建信息化平台,对学生综合素质相关数据进行采集、遴选、分析等一体化管理;另一方面,通过人工智能技术,从写实记录中筛选出典型事件,并以典型事件为依据对中小学生开展综合素质评价,构建起多元主体参与、客观性强、可追溯、具有公信力的评价新模式。青羊区对于典型事件的筛选遵循两大特征:一是阶段性,即反映一个阶段学生"五育"发展情况的事件,如学生学业质量监测、艺术监测结果,每年的国家体质健康监测结果等,这些信息是每个学生都具有的;二是代表性,即反映学生自身素养的关键事件应是在班集体中的突出事件,或是在社会中具有一定影响力的事件,这些信息是随着学生个体发展差异而形成的。典型事件的形成则需要经历"自主筛选—写实记录—整理遴选—公示审核—平台确认—进入档案"六个环节。在整理遴选环节,有系统评判(人工智能评判)与录入者人为评判两种方式,确保了事件的真实性与典型性。

第五章

青羊区基于典型事件的
学生综合素质评价改革

青羊教育在"人文+科学"框架的指引下,倡导科学与人文的平衡[1],注重个体与集体、学习与生活、学校与社会、现在与未来的融合,以促进教育优质化、公平性、差异性和国际化,构建全新的教育生态。青羊新人文教育理念为区域教育评价改革开辟了更宽广、更深入的视野,以学生为中心的评价改革与探索成为青羊区构建全新教育生态的重要抓手。

与传统的综合素质评价不同,青羊区的评价方式更加注重学生在真实生活情境中的表现与成长,提出通过基于"典型事件"的评价模式来全面、立体地反映学生的综合素质。这一转变不仅避免了单一评价方式的局限性,也为学生个性化发展提供了更为真实和全面的反馈,帮助他们发掘潜力,实现自我成长。

---

[1] 杜忠云,等. 青羊新人文 教育新生态[M]. 北京:教育科学出版社,2020:115-128.

第一节

青羊区学生综合素质评价的发展历程

青羊区作为中国教育评价改革的先行区之一,逐步建立了体现素质教育要求、以学生发展为核心、科学多元的学生综合评价制度,切实扭转了单纯以学生学业考试成绩衡量学生发展的评价方式,凸显评价的人文性,加强对学生社会责任感、创新精神和实践能力的培养。青羊区在学生综合素质评价方面的探索和实践,为其他地区提供了有益的经验和借鉴,有助于推进区域教育评价改革,更好地服务学生全面发展和终身学习。

一、萌芽起步时期(1994—2013 年)

在国家政策指引下,青羊区依据《国家中长期教育改革和发展规划纲要(2010—2020 年)》《关于进一步深化高校自主选拔录取改革试点工作的指导意见》《关于推进中小学教育质量综合评价改革的意见》等文件的要求,以学生综合评价为抓手,促使中小学生综合素质评价逐步落地。这一时期,"学生综合素质评价"这一术语已经在政策文本中出现,但是大部分相关文件中使用的是"综合评价""综合性评价"等术语,其评价内容和方法均已经逐步接近"学生综合素质评价",为学生评价改革奠定了良好的基础。

自 2011 年起,青羊区就结合区域教育改革实际,积极尝试并着力推动全区学生评价机制改革。青羊区以学业水平、兴趣爱好、课业负担测评为突破口,对学生综合评价工作进行探索和尝试,系统构建了学生综合评价框架。学生综合评价分为学业评价和非学业评价两部分,力求打破将学业成绩作为评价学生发展的唯一指标的做法。学业评价重点考查学生的学科关键能力,非学业评价则包括公民素养、身心健康、兴趣爱好和课业负担四个维度。

2012年，青羊区教育局正式启动教育质量评价改革，在成都市率先成立教育质量监测中心，引入第三方评价技术，全方位变革评价目的、内容及方法，改善现有教育生态。通过改革，青羊区建立起了"教管、教研、教学"的自循环体系。青羊区以此为突破口，开始逐步改变教育质量评价中的功利倾向和分数导向，不断推进从"学有所教"向"学有良教"的转变。

二、探索实践时期（2014—2019年）

这一时期，国家发布了《关于深化考试招生制度改革的实施意见》《关于加强和改进普通高中学生综合素质评价的意见》等政策文件，对学生综合素质评价的原则、内容、程序及其在考试招生中的应用等方面都作出了明确要求。在此期间，四川省从省级、市级和区级层面也开始逐步构建、完善区域学生综合素质评价的体系。

2014年12月，中共成都市青羊区委全面深化改革领导小组办公室印发了《关于推进中小学教育质量综合评价改革的工作方案》，对青羊区教育质量综合评价改革的目标任务、措施、参与方及其职责、进度安排、工作保障等作出了详细部署，有力促进了中小学教育质量综合评价改革的发展。2016年8月，四川省教育厅印发了《四川省普通高中学生综合素质评价实施办法》，开始积极探索学生综合素质评价改革。2019年9月，成都市教育局印发了《成都市初中学生综合素质评价实施方案》，学生综合素质评价开始在基层落地实施。省、市级学生综合素质评价实施的基本原则都坚持方向性、指导性、客观性和公正性；评价内容包括思想品德、学业成绩、身心健康、艺术素养、综合实践等；评价方式以事实为依据，采取定性与定量相结合的多元方式进行评价；评价过程按照写实记录、整理遴选、公示审核、形成档案的程序进行；评价结果引导学生自主发展，促进学校积极开展素质教育，并且作为招生录取的依据或参考。省、市级学生综合素质评价的实施为推进区域学生综合素质评价改革指明了方向。

青羊区在这个阶段逐步构建起基于新人文教育的综合评价改革框架。基于该框架建立的学生综合评价体系,以全面发展的教育质量观为指导,立足学生核心素养的培养,评价内容包括公民素养、学业水平、身心健康、兴趣爱好和课业负担。学生综合评价体系旨在切实扭转单纯以学生学业考试成绩衡量其发展的评价方式,促进学生全面发展、健康成长,加强对学生社会责任感、创新精神和实践能力的培养。青羊区通过组织各学校以多元智能、真实评价等理论为依据,积极开展基于写实记录的学生综合素质评价的校本化研究与实施。经过多年的不断探索和实践,已经取得了显著成效。例如,成都市泡桐树小学极为重视对学生的过程性评价,学生每天给自己一个评价,一个学期就形成了一本《自主管理手册》,成为学生成长中不可多得的宝贵记忆。成都市草堂小学开设了"好习惯连锁店"——让学生在自我评价、同学互评、好习惯评价记录的日积月累中修正自己,让教育在"无痕"的进程中不断发挥效能,促进小学生自觉养成好习惯。成都市新华路小学根据多元智能理论,设置了"文明新星""多元学科星"等学生评价新内容,多维度发掘学生特性,促进学生不断进步。

这一时期,青羊区的学生综合素质评价信息化也取得了可喜的成绩。其实,青羊区早在2000年就启动了区属学校依托信息化技术助力学生综合素质评价的探索,成都市泡桐树小学基于信息技术,全面挖掘网络平台在学生发展性评价中的价值,开展了"基于网络平台的小学生发展性评价实践研究"的课题研究,该研究成果获评基础教育国家级教学成果二等奖。成都市泡桐树中学建校以来就以教育评价为重要手段保障学校课程实施质量,建立了基于核心素养的学生全人评价体系,在全省率先依托信息化平台进行全程、全面的学生综合素质评价,学生的综合素质水平处于全市领先水平。

　　青羊区从单兵作战走向联合发力,进一步提升了学生综合素质评价的组织、实施和应用水平,积极探索学生德智体美劳全要素评价,开始构建形成"上下联动"的区域行动路径,推动了育人方式的整体变革。

第二节
青羊区学生综合素质评价改革的痛点和难点

青羊区不断探索学生综合素质评价的改革方向,已经形成了区域特色、取得了较好成绩。但是,自学生综合素质评价走入校园,学生、家长、教师等各群体中都存在着不同的声音。为了全面了解学校在学生综合素质评价上的实施情况,青羊区课题组于2020年2月面向全区所有中小学、幼儿园的教师、学生、家长开展了现状与需求的调研,全面整合、系统分析调研结果,同时对一线教师和相关负责人进行实地访谈,以真实准确的数据为支撑,清晰有效地勾勒出学校在综合素质评价中的痛点和难点,为综合素质评价的改进和发展奠定坚实的基础。本次调研共有20 188人参与调查,其中教师2 100人,学生6 619人,家长11 469人。参与调研的教师中,幼儿园教师占比2.24%、小学教师占比69.76%、初中教师占比24.05%,高中教师占比3.95%。参与调研的学生中,小学生占比61.9%,初中生占比25.6%,高中生占比12.5%。参与调研的家长中,幼儿园家长占比2.06%、小学家长占比71.42%、初中家长占比20.25%,高中家长占比6.28%。

调查结果显示:第一,学生综合素质评价获得了较高的认同,受调研者认为综合素质评价既能够全面、真实地反映出学生的成长发展状况,又可以更加清楚地认识学生的优缺点。第二,由于评价结果与学生升学挂钩,大部分家长对学生综合素质评价重视程度较高。同时,也显现出了一些问题,如教师、学生、家长参与过程中主体意识不强,综合素质评价形式化现象较为严重;部分教师、学生、家长认为综合素质评价占用了很多时间,增加了负担。此外,超过70%被调查对象认为当前的学生综合素质评价模式还需改进;其中最需要改进的评价要素依次为评价的可操作性、评价标准、评价机制、评价内容及评价流程。

一、评价理念片面,亟须更新

学生综合素质评价是基础教育课程改革的重要组成部分,是教育评价改革的关键环节,是发展素质教育、转变育人方式的重要制度之一,对促进学生全面发展有着重要的导向作用。然而在实践过程中,师生和家长认为学业成绩依旧占据至关重要的位置,学生综合素质评价只是其中一种形式,难以改变应试的结果,难以破解"唯分数"的困境。同时,部分学生对综合素质评价认识不足,在功利性思想导向下,学生为了"挣分"想办法拼凑评价信息,无法表达学生真实表现。在日常教学开展综合素质评价时,为了确保学生评价的公平公正,教师和家长往往过于偏向强调容易区分的评价标准,如是与非、有与无、多与少等,而忽略了学生参与活动过程中的重要方面,包括体验、收获、反思、改进等。❶这种过度注重表面标准的做法,导致了评价信息的片面性,阻碍了学生综合素质评价在育人方面的效用发挥。

青羊区调研数据显示,虽然有98.04%教师、98.46%学生、98.82%家长认为"在学校开展综合素质评价是非常有必要的",但是有51.60%教师、42.17%学生、43.96%家长认为"在实践中,综合素质评价只是一种形式,老师和家长更关注学习成绩",43.57%教师、42.96%学生、44.57%家长认为"从实施方面来看,综合素质评价其实就是'填写规定的那些材料和表格'"。结果说明,虽然各评价主体均认可国家政策内容,但是并没有从思想上接受学生综合素质评价,主体意识较为薄弱,对学生综合素质评价的内涵和功能定位的理解过于简单化,认为其不会改变应试的结果,它只是一种形式,学习成绩更重要。

---

❶ 张红霞,刘志军.关于综合素质评价若干问题的再思考[J].教育发展研究,2022,42(8):21-29.

二、评价过程烦琐,流于形式

学生综合素质评价是对个体全面发展状况的观察、记录、分析,是发现和培育学生良好个性的重要手段,是深入推进素质教育的一项重要制度。为了追求学生综合素质评价的全面性和规范性,现有评价体系涉及面广、细目多、程序复杂,给各评价主体都造成了较大的负担,且评价过程形式化。这种形式化表现为对评价过程中形式和结果的过度关注,而忽视学生在活动中的真实体验、知识、技能等内在发展。这种倾向使评价更侧重于活动的外在形式,而较少关注学生在过程中的深化理解、创新思维的培养以及实际能力的提升。有些学生在毕业前夕,通过系统自动生成并要求确认纪实报告无误时才能获得综合素质评价的最终反馈,这样无疑在很大程度上限制了学生、家长和教师对于其综合素质发展情况的认识。评价结果的准确性和及时性难以保障,呈现出的评价信息就显得杂乱、单薄,缺少客观性、可参考性。这种情况下,评价并未真正指向学生全面发展。

青羊区的调查显示,63.33%教师、72.23%学生、71.16%家长认为"从操作看,综合素质评价就是'收集和整理成长记录'",47.43%教师、32.47%学生、41.38%家长认为"综合素质评价占用了很多时间",36.28%教师、24.33%学生、28.22%家长认为"综合素质评价增加了负担"。这说明过多的数据采集与录入给受调研者造成较大的负担,评价工作多是应付式地完成任务,使评价过程的形式化。而且,部分评价内容由家长、学生自主提供,直接装入成长档案袋,由于缺少监督环节与问责约束,学生成长信息的客观性不足。在2021年5月的中期调查中,有50%教师和90.95%家长认为"综合素质评价填写只在期末进行",可见,学校、教师对于综合素质评价的育人理念虽然具有心理倾向上的认同,但现实中并未将其融入日常教育教学活动中。有研究者在对一位初中教师访谈时了解到,在学期末集中1~2天对学生进行综合素质评价是常态,缺失

日常性评价,致使评价流于形式。**❶**

三、评价系统效能不足,数据使用不充分

基于国家政策对教育评价信息化的要求,青羊区教育评价顺应改革发展趋势,已经逐步形成了基于大数据的学生综合素质评价。但是,由于学生综合素质评价系统尚不完善,数据质量不高与规模不足等原因,导致综合素质评价结果在使用过程中会遇到瓶颈。一是数据采集的维度划分机械,评价内容受到限制。综合素质评价切实关注了分维度采集数据,但是忽视了学生的很多行为难以仅在一个维度下进行评价,进而导致难以真实反映学生的综合素质。在对熟悉青羊区实施学生综合素质评价专家和教研机构的教研员进行访谈时,他们均表示目前的评价内容还是按照2014年发布的文件分"五育"进行设置,但是学生的一条写实记录可能涉及多个维度的综合表现。二是缺乏过程性数据,数据记录不全面。调查结果显示,学生综合素质评价仅在学期末录入数据,一方面会加重教师和学生的心理压力和负担;另一方面会缺乏学期中影响学生发展的关键事件的记录,影响综合素质的评估。三是评价系统信息化程度不高,数据的收集和分析受到影响。在对教师的访谈中发现,教师反映学生综合素质评价材料多、耗时多、内容多,评价流程复杂且具有滞后性,尤其是班主任承担了更多的工作。此外,还缺乏即时的反馈机制,难以对学生给予精准化的指导,同时也影响了教师的教学改进。学生综合素质评价的诊断、改进、激励等功能难以充分释放,阻碍了区域教育评价改革的顺利推进。

四、评价结果应用不足,公信力不高

在新高考改革背景下,我国正处于扭转"一考定终身"的关键阶段,非常重视学生综合素质评价在高考制度变革中的作用。但恰恰是因为对综合素质评

---

❶ 刘志军,袁月.初中学生综合素质评价的现实困境与破解之道[J].中国考试,2021(12):32-38.

价的重视,导致综合素质评价的功利性大于发展性。在面对学生毕业、升学、奖惩等高利害事件时,学生可能更关注如何迎合评价标准❶,而非积极参与活动进行深度学习,从而忽视了自主发展。这种倾向削弱了评价对学生全面发展和长期发展的关注,使评价更趋向应对事件和功利导向,而非真正服务于学生的综合素质发展。许多教师在开展评价时非常谨慎,学生的综合素质评价基本为"优秀"或"合格",导致评价结果区分度不高。因此也造成了高中和高校招生对综合素质评价信息的采用度不高,大多数学校会自行组织专门的评测活动来评价学生。综合素质评价结果的公信力不高已成为普遍现象。另外,当前学校对学生综合素质评价的数据利用不足,除了对综合素质评价内容本身进行分析,还应该对学生的个人整体情况进行分析,构建立体化的数字画像,帮助其挖掘自身优缺点。数据利用得不充分不仅是对数据资源的浪费,还会导致学生综合素质评价工作的表面化,难以真正帮助学生认识自我,提升综合素质。

　　青羊区的调查显示,受调研者认为当前的学生综合素质评价需要改进的前五选项为"评价的可操作性、评价的标准、评价的机制、评价的内容、评价的流程"。由于综合素质评价指向鲜活的个体,若仅使用量化评价,不仅评价的科学性会遭受质疑,丰富多样的具体事实材料也会被忽视,无法全面展现学生的发展样态。区域学生综合素质评价亟须探寻新的路径,转变其"不健康"的实施方式,这样方可真正发挥育人的导向和价值。

---

❶ 张红霞,刘志军.关于综合素质评价若干问题的再思考[J].教育发展研究,2022,42(8):21-29.

第三节

基于典型事件的学生综合素质评价改革

　　青羊区在推进学生综合素质评价改革的过程中,针对当前存在的评价理念片面、过程流于形式及功利性过强等问题,提出改革评价机制,重塑评价内容,更新评价标准。2020年开始,青羊区的学生综合素质评价改革从面上的广泛布局开始逐步深入点位的重点突破。青羊区结合区域教育评价工作的基础,积极响应国家对写实记录的典型性选择导向,淡化了"评价标准",提出以"典型事件"为抓手进行学生综合素质评价改革的路径。并且,青羊区基于国家出台的《义务教育质量评价指南》《普通高中学校办学质量评价指南》《关于开展信息技术支撑学生综合素质评价试点工作的通知》等文件对学生综合素质评价数字化提出的要求,定制开发了学生综合素质测评系统。

　　典型事件是指借助主题事件中的典型事件来进行研究,大的主题所统一的多个事件中总有一些代表性较强的事件[1],找出这些事件进行研究可以达到事半功倍的效果,这些能够代表持续性事件的具体事件就被称为典型事件。从人类学的角度来看,典型事件首先发生在特殊场域中,在非常时刻下令人得到高峰体验,故典型事件从这一角度研究具有以下三个要素:特殊场域、非常时刻和高峰体验。对于学生综合素质评价来说,将这一人类学的观点引入学生综合素质评价后,可以进一步解释和拓展典型事件的内涵。[2]在学生综合素质评价中,特殊的场域指的是学生参与活动、经历事件的独特环境或情境,包括

---

[1] 赵玉芳.持续性社会事件认知的初步研究——西部大开发的社会认知研究[D].重庆:西南师范大学,2004.

[2] 邵开泽,叶剑,黄小燕.基于典型事件的学生综合素质评价[J].教育科学论坛,2021(34):36-39.

学校内外的特殊项目、社会实践、艺术表现等。在这些场域中,学生的行为和表现可能更容易显现其个性和素质。非常时刻是指学生参与某些活动或经历某些事件时,可能会面临一些相对特殊、紧急、关键的情况。这些时刻对学生来说是不同寻常的,可能会展现出学生真实的综合素质,而非某一项技能或者知识水平。高峰体验是指学生成长过程中,当他在某个方面取得了显著的、令人印象深刻的成就或体验,达到了个人发展的高峰。这些高峰体验可以是学习上的、艺术上的、体育上的或是在社会实践中的成就。总之,是学生在某方面的较为突出或者特殊的表现。

在教育教学中应用典型事件,能有效地观察和预测学生的成长状况。关注中小学生生存际遇的独特性和复杂性,重视影响个体发展的重要事件,有助于教育者敏锐把握可能会使学生思想发生变化的关键点,并在此基础上采取合理措施因势利导,提高学校教育的针对性和实效性,更好地促进中小学生身心健康成长。❶

一、基于典型事件的学生综合素质评价的内涵特征

典型事件是学生成长发展中具有显著意义的事件,这些事件能够真实地反映学生在学业、品德、身心健康、艺术素养、社会实践与创新等方面的全面发展情况。通过研究和记录这些典型事件,可以更好地了解学生的个性、潜能、优势和成长轨迹,为评价学生的综合素质提供更为全面的信息。基于典型事件的学生综合素质评价应具有四大"内涵特征",分别为重质性评价特征、多元化评价特征、可追溯评价特征、画像式评价特征。

(一)重质性评价特征

原有的学生评价方法多是基于指标量表的,体现为量化评价。基于典型事

---

❶ 郭勤学,姜春春.关键事件对中小学生成长的影响和教师应对[J].教育理论与实践,2022,42(35):21-24.

件的学生综合素质评价,更多地体现为质性评价,能更客观地反映学生的综合素质,为学生全面发展提供多维化的支撑。

第一,基于典型事件的学生综合素质评价,能够全面深入地了解学生的综合素质和个性特点。评价内容不是单一的考试成绩,而是注重对被评价者的行为、表现、情感和态度等方面的洞察,更加生动、立体地描绘出学生的特质,为个性化教育提供支持。第二,基于典型事件的学生综合素质评价,能够真实准确地反映学生的实际情况。评价方法采用观察、访谈、作品分析等多种手段获取第一手资料,然后进行客观分析,减少人为因素的干扰,从而能够更加真实、准确地反映学生的实际情况。第三,基于典型事件的学生综合素质评价能够灵活性地匹配评价需求。评价不受标准化测试的限制,可以根据评价对象、目的及环境的不同,灵活选择评价方法、内容和标准,更好地适应不同评价需求。第四,基于典型事件的学生综合素质评价,能够强化互动性,促进学生成长。评价过程不仅关注学生的表现,还注重与学生的互动和交流,可以更好地了解学生的思想、情感和态度等方面的信息,促进学生的自我反思和自我发展。

综上所述,基于典型事件的学生综合素质评价是重质性的评价,能够提供更加全面、深入和个性化的评价结果,有助于促进学生的个性化发展和教育教学质量的提升。

(二)多元化评价特征

原有的学生评价是依据区域开发统一的量表来量化学生的表现,评价尺度唯一,不能体现多元评价的本质。基于典型事件的学生综合素质评价,可以从多个角度、多个方面对教育活动进行全面、客观、科学的评价。这种多元化不仅体现在评价内容的多样性上,还体现在评价主体、评价方式和评价标准的多元化上。

第一,评价内容的多元化。基于典型事件的学生综合素质评价不仅关注学生的学业水平,还更加注重学生的综合素质和个性发展,如学生的创新能力、实践能力、批判性思维、人际交往能力、团队合作能力等。第二,评价主体的多元化。传统学生评价的主体往往是教师或学校管理者,而基于典型事件的学生综合素质评价则强调评价主体的多样性,包括教师、学生、家长、社会人士等。这种多元化的评价主体可以更好地反映学生的全面表现,也能让学生更加深入地了解自己的优势和不足。第三,评价方式的多元化。传统学生评价往往重量化、轻质性,而基于典型事件的学生综合素质评价则强调评价方式的多样性,质性评价和量化评价相结合。例如,可以采用观察法、访谈法、问卷调查法等多种方法,以便更加全面地了解学生的表现和进步。第四,评价标准的多元化。因为每个学生的基础和发展条件不同,采用统一的评价标准容易忽视学生的个性差异。因此,基于典型事件的学生综合素质评价会根据学生的具体情况制定个性化的评价标准,以便更好地挖掘潜力、发挥优势、找出不足。

综上所述,基于典型事件的学生综合素质评价是多元化的评价,可以更好地了解学生的综合素质和个性发展,发现学生的优势和不足,为学生的个性化发展提供有针对性的指导和建议。同时,基于典型事件的学生综合素质评价,也有助于提高教育质量和教学效率,促进教育的可持续发展。

(三)可追溯评价特征

原有的学生评价结果以量化转等级的形式来呈现,评价结果不可追溯。基于典型事件的学生综合素质评价,有事件作依据,在特定的事件中体现学生的能力素养,评价结果可追溯,更科学、更客观。

基于典型事件的学生综合素质评价,通过运用建立学生档案、进行学习过程记录、设计个性化评估工具等方式来记录和追踪学生的学习过程和成果,对其在教育活动中所表现出的能力、态度、价值观等方面进行评价。第一,教师可以全面了解学生的学习状况,发现学生的优势和不足,为学生提供有针对性的指导和建议。这种可追溯性也有助于提高教育教学的针对性和有效性,促进学生的全面发展。第二,基于典型事件的学生综合素质评价,还有助于提升学生的学习动力和自信心。学生可以通过回顾自己的学习历程和成果,认识到自己的进步和不足,从而增强自信心和学习动力。第三,基于典型事件的学生综合素质评价,也有助于培养学生的自我评价和自我管理能力,提高学生的综合素质。

综上所述,基于典型事件的学生综合素质评价的可追溯性,有利于师生对教学过程和实践活动进行复盘。教师可以更好地了解学生的发展状况和需求,学生可以更好地认知自身的优势与不足,因此有助于提高教育教学的针对性和有效性,提升学生的学习动力和自信心。

(四)画像式评价特征

原有的学生评价是基于评价维度制定标准、细化指标,靠分数等级量化进行评价,这种行政管理的达标监测思维在高利害评价结果应用中必然催生功利异化的弊端,不适用学生成长发展需要激励引导的诊断引导性评价。基于典型事件的学生综合素质评价,可以有效杜绝应急性、功利性行为,真实反映学生的综合素质。

基于典型事件的学生综合素质评价是画像式的评价,旨在通过更加直观、全面的方式评估学生的多方面能力和素质。第一,画像式的评价是多维度的,不局限于传统的学业成绩评价,还包括创新能力、社会责任感、团队合作精神等多方面能力的评价,为学生提供一个全面发展的评价体系。第二,画像式的评价是形式多样的,通过文字描述、图表、图像等多种形式展示,使评价结果更加生动、直观。第三,画像式的评价是过程性评价,强调学生成长过程变化和进步的记录,而不仅仅是最终结果,鼓励学生的个性化发展。第四,画像式的评价是注重参与和互动的,学生、教师及家长都可以参与到评价过程中来,形成互动和反馈,促进学生个性化发展和综合素质的提升。

综上所述,基于典型事件的学生综合素质评价可以形成一个直观的学生"画像",展现学生在各个方面的能力和特点。通过这种方式,教育工作者、家长及学生本人,都能更加直观地了解到学生的综合素质和发展情况,从而更好地指导学生的个性化发展和全面进步。

二、基于典型事件的学生综合素质评价的价值导向

基于典型事件的学生综合素质评价,是基于对中小学生的综合素质评价的标准进行再认识,重构标准框架与具体内容,并结合实施过程制定有效的机制,在此基础上总结出指导方针与方法及实施方案,以落实国家对中小学生综合素质评价相关理念与要求。

学生自己的记录便是其反省、重构、赋予意义的过程。[1]当学生的成长事件在记录的过程中被赋予特定意义时,也就不再是无意识的反应,而变成了富有意义体验的行动。基于典型事件的学生综合素质评价为强调真实性、多元性、可追溯性和画像式评价,更全面地反映学生的个体发展,促进育人导向。它对解决评价公平性和育人有效性的冲突,缓解形式主义、功利倾向具有一定帮助。

(一)强化评价育人性,引导学生全面而个性发展

学生学习和活动过程的相关信息是客观评价学生的基础,但这些信息不能替代学生主动的体验感悟、分析判断和选择,不能替代学生的自我规划、自我总结反思和自我教育。[2]传统的量化评价方式存在过度标准化的问题,难以全面、客观地了解学生的发展状况。典型事件是基于学生的写实记录进行的,其

---

[1] 柳夕浪. 学生成长记录:如何解释与分析[J]. 人民教育,2015(7):52-55.

[2] 柳夕浪. 撬动未来的杠杆——学生综合素质评价改革研究[M]. 杭州:浙江教育出版社,2021:113.

中包含学生自己对本次成长事件的评价和反思,实际上记录过程就是自我教育的过程。通过记录典型事件,可以帮助学生学会自我计划、自我总结、自我描述,从多角度、多侧面来认识自我。这有助于让学生认识到自我评价的重要性,通过不断地自我描述、总结、撰写写实记录来增强自我评价意识❶,养成基于证据进行自我评价的习惯,成为自我教育、自我发展的主体。通过标准的设立及评价的实施,引导学生从只关注学业成绩,走向关注德智体美劳等综合素质的发展。在评价过程中,应给予每个学生展现自我的舞台与机会,关注每个学生的闪光点,促进学生个性化、多元发展。

(二)简化评价流程,减轻形式主义

基于典型事件的学生综合素质评价首先明确综合素质评价的核心目标,聚焦学生的全面发展,避免过多琐碎和非核心的评价指标,使评价更加精准和高效。评价运用信息化手段,简化记录和管理流程,提高数据收集和处理的效率,并可以及时提供反馈。学生根据反馈结果,了解自己的成长点和改进方向,教师根据反馈结果,及时调整教学方向。评价过程强调学习过程和成长过程的记录,而非仅仅关注最终结果。通过日常观察、学习档案等方式记录学生的成长轨迹,减少一次性的终结性评价。强调真实、具体、情境化的事件,避免了单一指标和抽象概念的应用,有效减少了形式主义问题。通过对学生在实际情境中的表现进行观察和记录,更真实地反映学生的个体特点,避免了过于形式化的评价标准,使评价更具体、生动。

(三)增强评价智能化,助力教育评价改革

基于典型事件的学生综合素质评价强调在真实的教育活动中发现并记录学生的表现,通过学生在具体事件中的表现来评价其综合素质。智能化的导向在这个过程中起到了至关重要的作用,智能化收集与分析数据,能够帮助教

---

❶ 陈朝晖.关注综合素质评价中的"自我评价"[J].基础教育课程,2023(13):58-64,68.

育管理者更全面、客观地了解每个学生的综合素质发展情况;智能化的评价标准,可以通过算法和大数据技术,建立更为客观、科学的评价标准和模型,自动评估学生的综合素质;智能化系统动态跟踪与反馈,能够根据评价结果为学生提供个性化的学习建议和成长指导;智能化强化了家校之间的链接,让家长更方便了解孩子在学校的表现,这种透明化的信息共享有利于家校之间的沟通,共同促进学生的综合素质提升;智能化加速了个性化教育的实施,教育者可以更准确地掌握每个学生的兴趣、特长和需求,进而提供更加个性化的教育方案,促进学生全面而个性地发展。

智能化的评价切实对区域学生综合素质评价健康、快速发展提供了有力的支撑。智能化大大提高了评价的准确性和客观性,减少了主观因素对结果的影响,促进教育公平。智能化有力推动了教育评价的个性化和差异化,根据每个学生的实际情况和学习特点量身定制方案,从而更好地满足学生的发展需求。智能化助力提升教育评价的效率和效果,减少人力物力的消耗,缩短评价周期,还能及时提供反馈,使评价不再受时间和空间的限制更加灵活。

(四)强化评价牵引功能,撬动教育变革

基于典型事件的学生综合素质评价,关注学生在实际情境中的表现,而非仅仅依赖学业成绩,旨在弱化评价体系的功利性,强化评价的牵引功能,撬动教育体系的全面变革。评价的牵引功能,能够促使区域转变教育发展模式。区域衡量教育质量的指标已经不限于数量、规模、投入等硬性指标,而是更加关注入学率和普及化的进程。评价更加关注每个学生的发展状况,强调促进学生的全面发展。评价的牵引功能,促进教育系统改革,共筑家校社协同育人体系。评价的实施使不同主体之间架设了沟通的桥梁,各主体组织参与、信息共享共建、社会协调支持,使学生在不同时间和空间都能够获得收益。评价的牵引功能,促进高水平的人才培养体系建成。评价在典型事件中凸显学生在

品德、学业、身心健康、社会实践等方面的特质，更加注重学生综合素质培养，发挥其育人功能、重视评价改进和发展功能、兼顾甄别功能，为国家培养更多综合素质强的复合型人才。

教育评价牵引育人方式、办学模式、管理体制、保障机制发生变革，助力改观整个社会的育人观和人才观，构建高质量教育体系。这将有助于推动教育质量的提升和教育事业的可持续发展，培养更多符合新时代要求的高素质人才，为社会的繁荣和发展做出积极贡献。同时，这种变革也需要全社会的共同参与和努力，形成教育与社会相互促进、共同发展的良好局面。

第六章

青羊区基于典型事件的学生
综合素质评价体系构建与实施

　　为解决学生综合素质评价的实践之困,青羊区从对典型事件的认识和理解出发,开启了基于典型事件的学生综合素质评价改革。依托大数据和人工智能等现代信息技术,青羊区构建了基于典型事件的学生综合素质评价体系,并在实践中依托评价指南和评价等,平台不断探索学生综合素质评价新模式,推动评价改革落地实施。

　　通过设计评价平台与标签分析算法,青羊区致力于为每一位学生的独特发展提供真实、全面的反馈。与此同时,青羊区在多个学校开展了试点工作,采取分阶段实施的策略,逐步完善评价内容、平台功能和数据分析方法,确保系统的稳定性与可操作性。

第一节

基于典型事件的学生综合素质评价体系构建

以典型事件为核心,青羊区从构建思路、评价内容、评价方法、研究基础、保障机制等方面构建基于典型事件的学生综合素质评价体系。

一、构建思路

青羊区在全国教育大会的精神和国家、省市级层面教育评价改革文件的指导下,结合本区教育评价改革实践,构建基于典型事件的学生综合素质评价体系。评价体系构建的基本思路:借助现代信息技术如大数据、人工智能等,以学生综合素质评价的理论研究为依据,以青羊区学生综合素质评价改革的痛点难点为切入口,以国家政策文件规定的德智体美劳五个方面为主要评价内容,以"典型事件"为核心概念,坚持方向性、指导性、客观性、公正性的原则构建评价体系。同时,在构建基于典型事件的学生综合素质评价体系时,青羊区特别强调以下几个方面。

第一,对中小学生的综合素质评价,只有在特定的情境或事件中由学生的具体行为才能体现出来,这是构建基于典型事件的学生综合素质评价体系的初衷和出发点。只有借助典型事件中的具体行为,探查被复杂现象掩盖了的意向,进而发现蕴藏在行为背后的思维模式和意志品质,才能真正理解人的内在素质。❶个体的综合素质需要多方面的、长期的信息积累,通过对一段时间

---

❶ 柳夕浪. 学生成长记录:如何解释与分析[J]. 人民教育,2015(7):52-55.

内典型事件的写实记录(包括事件过程、收获、不足和反思等的文字描述或音视频)分析,提取反映学生素质的显著标签,且同一事件可以同时反映学生不同方面的素质,对多个标签加以聚类分析,以此客观勾画学生综合素质的画像。

第二,明晰"典型事件"的表现形式。影响中小学生成长的典型事件主要是指让学生有深刻体验、价值较为突出,能够对学生产生深远影响的事件,可能是学生获得的成功,也可能是挫折,或是发展中的困惑等。❶通过典型事件,可以帮助学生认知自我,既了解自身的优势,也能发现自身的不足,以此为起点有效规划自我未来的发展,同时也有助于激发学生的成长欲望,如某些挫折会使学生越挫越勇,刺激学生努力提升自我。

第三,在评价体系的构建中,充分利用信息技术,提高教育评价的科学性、专业性、客观性。《深化新时代教育评价改革总体方案》中明确提出"创新评价工具,利用人工智能、大数据等现代信息技术,探索开展学生各年级学习情况全过程纵向评价、德智体美劳全要素横向评价"。青羊区基于典型事件的学生综合素质评价,开发了专门的信息评价系统平台,借助信息技术手段将体现学生综合素质的情境、事件或数据等资料录入系统,通过人工智能对数据进行挖掘,有效减少评价过程中的人为干扰,更加科学、全面、客观、有效地评价学生。

第四,为满足不同评价主体的需求,评价结果的使用具有差异性,此时评价结果使用者具有主导作用,因此应坚持"谁使用谁评价"的原则。如各学校可结合自身办学特色和人才培养要求,制定具有学校特色的学生综合素质评价方案,进一步细化和丰富评价方案,增加典型事件选择范围,自行设定典型事件所反映的学生素质标签。从教师层面来看,在对学生进行主客观相结合的综合素质评价过程中,促使教师转变观念,认识到每个学生的优势与不足,

---

❶ 郭勤学,姜春春.关键事件对中小学生成长的影响和教师应对[J].教育理论与实践,2022,42(35):21-24.

将评价结果融入日常教育教学中,进而采取差异化教学方法。从学生和家长层面来看,学生综合素质评价引导学生和家长从只关注学业成绩转为关注德智体美劳的全面发展,并根据评价结果制定学生的个性化发展策略。

二、评价体系

教育评价改革需要以信息化为依托,信息化、数字化带来的不仅是技术的影响,更是评价理念、评价形式、评价工具、评价方法、评价机制等全方位的变革,以此形成基于证据的教育教学决策。以促进学生全面而有个性地发展为核心理念,借助现代信息技术的快速发展,青羊区积极探索学生综合素质评价改革,建立基于典型事件的学生综合素质评价体系,并将其作为深化教育综合改革的突破口,以及引领区域教育转型发展的重大举措。

(一)评什么:确定评价内容,圈定典型事件选择范围

国家相关的政策文本为青羊区基于典型事件的学生综合素质评价内容提供了根本遵循。2014年教育部发布的《关于加强和改进普通高中学生综合素质评价的意见》提到,学生的综合素质主要包含思想品德、学业水平、身心健康、艺术素养和社会实践等五个方面内容。2018年全国教育大会上,习近平总书记对中国特色社会主义建设者和接班人提出了培养要求,强调要坚定理想信念,厚植爱国主义情怀,加强品德修养,增长知识见识,培养奋斗精神,增强综合素质,树立健康第一的教育理念,全面加强和改进学校美育,弘扬劳动精神。2020年,中共中央、国务院印发《深化新时代教育评价改革总体方案》要求从完善德育评价、强化体育评价、改进美育评价、加强劳动教育评价、严格学业标准、深化考试招生制度改革六个方面改革学生评价,完善综合素质评价体系,促进学生德智体美劳全面发展。

在上述政策文件精神的指导下,结合四川省和成都市关于学生综合素质评

111

价的相关实施方案,通过研究和总结已有的综合素质评价指标体系,青羊区从五个方面构建了基于典型事件的学生综合素质评价(图6-1),从思想政治与品德修养、学业水平、身心健康与安全、艺术素养、社会实践与创新五个方面进行观测,深入分析五大方面的主要考察点和二级子维度,形成写实记录的采集范围,进而圈定各个子维度典型事件的选择范围。据此,青羊区制定了《成都市青羊区基于典型事件的中小学生综合素质评价的实施方案(试行稿)》和《成都市青羊区中小学生综合素质典型事件选择与采用指导意见(试行稿)》,实施方案和指导意见让学生、家长在选择和申报典型事件时有据可依,也让教师、学校和教育管理者在开展评价时有的放矢。除指导意见中列明的典型事件选择范围以外,各个学校还可以按照校本育人特色和办学实际对其进行差异化和个性化调整。

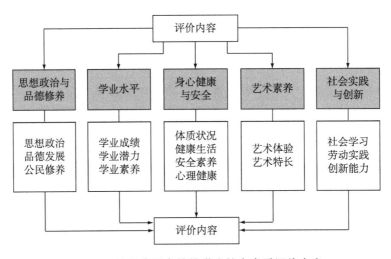

图6-1 基于典型事件的学生综合素质评价内容

基于典型事件的学生综合素质评价的内容主要包括五个一级维度和相应的15个子维度。

一是思想政治与品德修养。主要考查学生在爱党爱国、理想信念、诚实守信、仁爱友善、责任义务、遵纪守法等方面的表现。重点是学生参与少先队、共青团、班级活动和有关社团活动、公益活动、志愿服务等的次数、持续时间等,包含思想政治、品德发展和公民修养三个子维度。其中,思想政治主要包括学生践行社会主义核心价值观,爱党爱国、坚持理想信念等方面的思想和行为表现;品德发展主要包括学生参与班团队、学校社团、社区活动及其他相关公益活动、志愿活动等方面的情况,在品德和行为习惯养成方面的情况等;公民修养主要包括学生参与相关社会活动,养成公民意识,形成公民行为,以及在传承中华优秀传统文化、形成国家认同和国际理解等方面的情况。

二是学业水平。主要考查学生各门课程基础知识、基本技能掌握情况及运用知识解决问题的能力等。重点是学业水平考试成绩记录、学习过程性记录、研究性学习与创新成果记录等,特别是具有优势的学科学习情况,包含学业成绩、学业潜力和学业素养三个子维度。其中,学业成绩主要包括学生修习课程(包括国家课程、地方课程、校本课程等)的科目、学分(学时)、成绩等的记录;学业潜力主要包括学生参与研究性学习经历(次数或项目数、承担角色与持续时间、个人感受与成果等),优势学科学习情况(参加学校组织或教育行政部门组织或认可的竞赛等的次数、名次、荣誉等,以及在优势学科领域的拓展学习情况);学业素养主要包含学生在学习兴趣、学习态度、学习能力、学业情感、学习习惯、学业规划等方面的情况,以及在人文素养、科学精神等方面的情况。

三是身心健康与安全。主要考查学生的健康生活方式、体育锻炼习惯、身体机能、运动技能、心理素质和安全素养等。重点是《国家学生体质健康标准》测试结果,体育运动擅长项目,参加体育运动的效果,自我认识、人际交往及应对困难和挫折的表现等,包含体质状况、健康生活、安全素养和心理健康四个子维度。其中,体质状况主要包括学生体检基本情况、基本身体素质(《国家学生体质健康标准》达标情况)等;健康生活主要包括学生日常及每天一小时校园体育运动表现,特长项目及体育竞赛表现,起居饮食情况等;安全素养主要包括学生掌握安全知识、树立安全意识、形成必要的自救与互救基本技能的情况;心理健康主要包括学生自我认知、人际关系、情绪特点、认知方式和青春期适应等。

四是艺术素养。主要考查学生对艺术的审美感受、理解、鉴赏和表现的能力。重点是学生艺术素质测评主要结果,在声乐、器乐、舞蹈、戏剧、戏曲、绘画、书法等方面表现出来的艺术技能或特长,参加艺术活动的成果等,包含艺术体验和艺术特长两个子维度。其中,艺术体验主要包括学生参加艺术活动提高艺术素养,包括参观艺术场馆、参加校外艺术学习、观看艺术演出展览、参与校内及社会艺术活动等;艺术特长主要包括学生在艺术领域具备的特长,参加艺术展演、比赛的情况。

五是社会实践与创新。主要考查学生劳动实践能力、调查研究能力、动手操作能力等。重点记录学生参加劳动技术、生活实践、职业体验教育,以及研学旅行、社会调查等方面的过程和成果,包含社会学习、劳动实践和创新能力三个子维度。其中,社会学习主要包括学生参观考察各行各业组织机构、参与与年龄特征相适应的职业体验活动情况及收获、技能学习和社会调研等活动情况;劳动实践主要包括学生劳动意识、劳动习惯、劳动技能形成,参与与年龄特征相适应的劳动实践活动等情况;创新能力主要包括学生参加科普教育、信息技术、科技创新实践探究及科技类学生交流竞赛活动、创客活动等情况,以及在创新意识、创新能力、信息素养上的突出表现。

2014年,《教育部关于加强和改进普通高中学生综合素质评价的意见》指出,"综合素质评价是对学生全面发展状况的观察、记录、分析"。由上可知,青羊区基于典型事件的学生综合素质评价观察和记录的内容,与绝大部分学生综合素质评价类似,仍然限定在2014年政策文件规定的德智体美劳五个方面,这主要出于两个方面的考虑。一是德智体美劳全面发展已成为当下衡量学生素质的普遍共识,易于被各评价主体和客体接受,明晰五个维度的具体评价指标,也使写实记录更具有实践的操作性。二是与国家、省、市级层面的实施方案保持一致,便于将来评价改革的成果能够与中考、高考的学生综合素质评价系统更好地融会贯通使用。与之相应,基于典型事件的学生综合素质评价与其他学生综合素质评价相比的显著区别在于,青羊区对学生全面发展状况的"分析"视角基于学生发展核心素养,使用陈丽等人提出的学生综合素质评价模型对学生在典型事件中体现出的正确价值观、必备品格和关键能力进行分析。该模型由自主发展、文化修养、社会参与三个方面构成,进一步细分为10个维度和36个要点。[1]青羊区学生综合素质评价将观测到的具体的典型事件和行为与学生的综合素质标签(通过36个要点体现)相联系,从而对学生的学习成果、个人发展和社会适应能力等方面进行综合评价。评价结果以典型事件所反映的学生素质标签呈现,且同一典型事件可以反映学生不同方面的素质(如一个典型事件可以同时反映学生在学业水平和艺术修养方面的素质)。它通过标签集表征学生综合素质的整体画像,而不是给五个维度分别简单地赋分或给予等级评定。

(二)怎么评:依托大数据,借助"人工智能+人力判定"生成报告

在教育数字化转型背景下,面对机遇和挑战,相关学者已在逐步构建基于人工智能的综合素质评价新生态。例如,有学者基于多元评价的目的,构建了学生综合素质评价指标体系,借用人工智能技术进行数据采集,打破数据壁垒;[2]有学者通过构建多源多维综合素质评价模型,利用大数据、区块链等技术

---

[1] 陈丽.以信息技术为支撑推进学生综合素质评价改革[J].中国考试,2024(1):19-20.

[2] 冯璐,汪伟,卞崇振.基于人工智能与大数据的学生校本综合素质评价新生态[J].中国电化教育,2022(8):118-121.

以实现学生个体和群体进行数字画像;❶❷有学者以人工智能技术为支撑提出构建普通高中学生综合素质智慧评价实施的技术框架;❸还有学者通过搭建学生综合素质评价平台,采用过程、结果和增值评价相结合的方式,通过系统智能分析,对学生综合素质开展精准分析评价。❶可见,利用人工智能赋能学生综合素质评价,优化教育评价方式,可推进学生综合素质评价从关注评价结果为主转向关注过程,从以人工为主走向人机交互协作的精准评价,进而实现更深层次评价水平,发挥育人导向功能。

在此背景下,青羊区基于典型事件的学生综合素质评价也将人工智能技术融入其中,并通过院企合作研发了"青羊区学生综合素质评价平台"(以下简称评价平台)。青羊区基于典型事件的学生综合素质评价实践路径主要包括观测范围、事件采集、映射评价以及应用反馈四个部分(图6-2)。

第一步,明晰观测范围。综合素质评价是指衡量学生全面发展的各方面素质和能力的评价,凡是能够体现学生个性特点的素养和能力指标及多源多维的数据,都应被采集应用。对此,本书针对学生综合素质评价"评什么"进行顶层设计,同时结合学校具体实际,主要从思想政治与品德修养、学业水平、身心健康、艺术素养、社会实践与创新五个方面进行典型事件的采集和观察,尽可能涵盖学生实际生长发展过程中的关键表现,最终实现每一个学生的综合素质画像,既反映学生的成长过程和结果,又彰显学生的个性特点和优势。

---

❶ 郑旭东,杨现民.基于区块链技术的学生综合素质评价系统设计[J].现代远程教育研究,2020,32(1):23-32.

❷ 张治,戚业国.基于大数据的多源多维综合素质评价模型的构建[J].中国电化教育,2017(9):69-77,97.

❸ 刘金松,徐晔.普通高中学生综合素质智慧评价的动因、内涵与实施[J].课程·教材·教法,2021,41(7):47-54.

❶ 毕元双.大数据驱动的学校评价系统设计与实施路径探索——以东莞市松山湖北区学校为例[J].教育信息技术,2021(12):17-20.

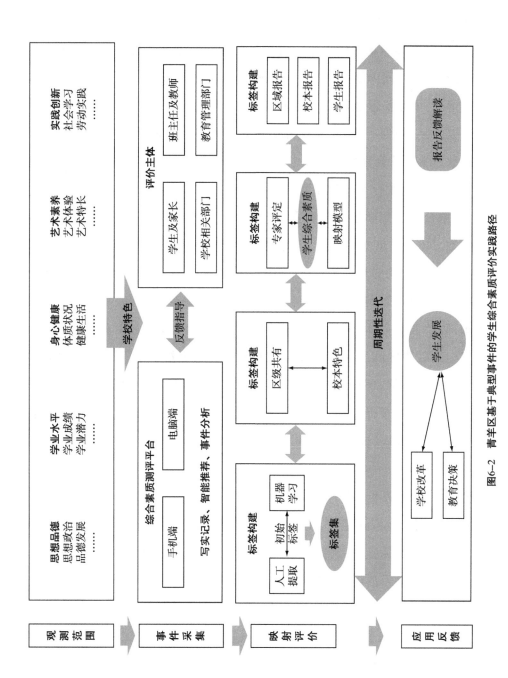

图6-2 青羊区基于典型事件的学生综合素质评价实践路径

　　第二步，由各评价主体结合五育观测范围，将典型事件的写实记录上传到评价平台，完成典型事件的采集。青羊区学生综合素质评价的核心是典型事件，只有对一段时间内学生的多个典型事件加以分析，才能真正反映学生的整体素质情况，因此要保证评价平台典型事件采集的日常化、多元化。典型事件来源于以文字、图像、视频和音频等形式为载体的海量客观事件记录数据，范围是区域内学生综合素质评价的内容。数据来源以日常教学和社会实践活动中对学生的描述性行为表现和最终结果记录为主，并附上必要的活动证明材料，上传平台后按照学生综合素质评价体系的五大维度内容进行智能推荐和整理分类。评价以事实为依据，教师根据学校、班级制定的实施细则和评价标准，指导学生、家长登录评价平台，及时上传记录反映学生综合素质评价主要内容的具体活动，以实现事实材料的广泛采集，构建形成家庭、社会、学校、教育管理部门"四位一体"的共同协作机制。其中，学生及家长负责日常及时上传写实记录事件材料，整理遴选综合素质评价材料上报学校审核；班主任及教师负责日常性评价、评价材料审核、组织班级学生开展综合素质评价；学校负责基础信息维护、督促年级、班级综合素质评价工作实施；教育管理部门负责制定指标，统一管理、统计分析、申诉处理、进度监测并及时督促学校综合素质评价实施等。

　　第三步，映射评价，基于上传的典型事件，结合学生发展核心素养的36个要点：首先，通过专家评定法，将典型事件所体现的学生核心素养标签进行人工提取，形成初始标签集；其次，采用现代信息技术，通过自然语言学习和算法训练，实现机器学习的标签智能提取，形成最终标签集。确定标签集权重时将根据区域共有标签和学校特色标签进行权重赋值，这个过程既兼顾区域层面的顶层设计，又加入了学校的特色培养。同时，通过专家评定和分析，进一步将学生综合素质评价模型与标签集进行映射对接，最终实现基于"五育"观察维度的学生综合素质映射评价。在此基础上，分层级分维度进行区域、学校及学生发展的评价报告智能输出。值得注意的是,整个映射评价过程经过不断的实践探索,标签集、映射模型及权重等也将进行周期性迭代更新。

第四步,应用反馈,根据输出的各层级评价报告,加强评价结果的应用反馈。基于典型事件的学生综合素质评价,通过人工智能技术的赋能,以具体、客观事件为基础,采用"质性评价"的评价方式,形成"分层信息+典型事件信息"相结合的信息内容体系,给出学生的综合素质评价,最终通过系统自动生成画像式的《学生综合素质档案》,以客观反映中小学生的综合素质成长状态。学生和家长在个人中心可以查看指定时间段内上传的原始数据,并获得机器评价和人力评价的"双反馈",可引导学生发现自我,为学生的生涯发展提供参考,实现全面而有个性的发展。同时,教师、学校和区域层面也能查看相应管理级别的学生综合素质评价报告并进行管理。对学校而言,可促进学校积极开展素质教育,把学生健康成长、全面发展作为工作的出发点和落脚点。对教育管理者而言,可利用智能技术赋能学生综合素质评价,借助信息化平台全面掌握区域学生综合素质发展情况,进而发挥其育人导向功能。

与实践路径相对应,青羊区基于典型事件的学生综合素质评价在实施推进中,还需要制定相应的评价流程,主要包括以下四个步骤(图6-3)。一是写实记录。教师根据学校制定的实施细则和评价标准,指导学生、家长登录"青羊区学生综合素质评价平台",及时记录反映综合素质评价主要内容的具体活动,搜集相关事实材料。活动记录、事实材料要真实,具有典型意义,有据可查。教师、学生、家长都可记录。二是整理遴选。每个月,学生、教师依据写实记录材料整理、遴选出具有代表性的活动记录和典型事实材料,即典型事件,每学期生成综合素质报告,并将其归入综合素质档案,且可根据需要随时生成报告。三是公示审核。遴选出来用于记入综合素质档案的典型事件必须于每学期期末进行公示,学生确认后不可更改。四是形成档案。学生的综合素质评价每学期以《成都市青羊区学生综合素质学期报告》的方式呈现。学生、学校每学期按要求完成评价平台相关内容填写,学生毕业前,系统将自动生成《成都市青羊区学生综合素质档案》。档案的主要内容如下:一是主要成长记录,包括思想政治与品德修养、学业水平、身心健康与安全、艺术素养、社会实践与创新五个方面的突出表现;二是典型事件材料以及相关证明材料;三是学生本人确认,班主任和校长审核签字,并由学校盖章确认。

图6-3 基于典型事件的学生综合素质评价流程

三、保障体系

学生综合素质评价工作是一项庞大又复杂的评价系统,需要教育管理部门、学校各个部门和家长的全力支持和配合,因此,建立一套完备的保障体系是完成工作任务和取得工作实效的基本前提。

(一)夯实研究基础

学生综合素质评价是一项专业性和科学性很强的工作,既需要理论研究的指导,也需要实践探索的支撑。青羊区在推进基于典型事件的学生综合素质评价改革的过程中,通过多方联动、课题研究、定期调研等方式,夯实研究基础,有效推进评价改革的落实。

一是多方联动切实推进评价改革。2020年1月,青羊区组建由区教育局、区教科院、实验学校构成的项目团队,在全区中小学中遴选出12所实验学校,涵盖幼儿园、小学、初中、高中,探索学校层面实施综合素质评价的做法。2020年5月,区域层面成立了质量监测中心组,中心组成员成为区域推进学生综合素质评价研究的核心力量。一方面,项目团队定期召开研讨会,进行内部经验交流分享,提高区域内部智慧成果的利用率,互相启发拓展思路。另一方面,2020年,中国教育科学研究院与青羊实验区开启第三轮合作,"基于典型事件的学生综合素质评价"被确定为院区合作五大重点项目之一,在中国教育科学研究院教育评价与督导研究所重点指导下,有序推进。同时,因评价实施的需要,项目团队与研发公司合作,定期召开评价系统升级改版的研讨会,组织实验学校相关教师、学生、家长开展评价平台使用培训会。立足数字时代这一改革发展的大环境,2023年青羊区成功入选为教育部信息技术支撑学生综合素质评价试点区之一,以试点区建设为契机,主动联系,建立对接机制,发挥信息技术在丰富评价手段、拓展评价内容方面的优势。

二是课题引领推动评价改革走深、走实。针对在开展学生综合素质评价实践中遇到的难点痛点问题,青羊区拟以典型事件为突破口进行学生综合素质评价改革。为有效推动改革的实施,青羊区于2019年申请了四川省教育科研重大协同研究课题"基于典型事件的中小学生综合素质评价实践研究",并获立项。以课题为引领,在中国教育科学研究院的指导下,青羊区不断加强理论研究和政策分析的广度和深度,为课题和改革的实施奠定了坚实的理论基础。从课题推进的角度,青羊区从问题提出、概念界定、研究内容、研究方法对课题进行了良好的顶层设计,同时结合青羊区的改革实践,协同推进。历经四年的研究和实践,该课题于2023年12月正式结题,取得了丰硕的研究成果,包括认识性成果、操作性成果和相关物化成果等。此外,也在学生、教师、学校和区域层面获得较好的实践效果。

三是根据定期调研现状与需求调整改革方向。为全面了解基于典型事件的学生综合素质评价实施的情况,发现一些有效经验、提炼一些典型的案例,同时,找出推进过程中的薄弱点,指导下阶段工作的开展,项目团队每年6月面向实验学校实验班级的班主任、家长、学生进行问卷调查,根据调查现状和需求调整课题推进实施的计划。例如,2021年6月,项目团队在实验学校进行问卷调查。调查结果显示：第一，学生综合素质评价获得了较高的认同，受调研者认为综合素质评价既能够全面、真实地反映出学生的成长发展状况，又可以更加清楚地认识学生的优缺点。第二，学生综合素质评价受重视度较高。第三，评价的可操作性、评价的标准、评价的机制是需要改进的前五选项。项目团队及时调整下一年度的评价改革工作重点，淡化"评价标准"，圈定典型事件选择范围，提供典型事件选择和采用指导意见；借助"人工智能+人力判定"精准分析数据，输出报告，提高评价的可操作性；开发配套机制，如培训机制、公示与申诉机制，保障评价。

（二）明确保障机制

为保障学生综合素质评价客观、公正，真正引导学生全面发展，青羊区开发了配套工作机制，推动评价工作顺利开展。

一是培训机制。建立了三级培训机制。从区域层面向学校学生综合素质评价领导小组的相关人员进行实施方案的解读，包括学生综合素质评价的指导思想、基本原则、评价内容、评价方式与程序、评价结果应用，以及学生综合素质评价平台的使用培训，写实记录的填写培训。学校负责对班级评价小组进行培训，包括学校学生综合素质评价实施方案的解读，写实记录的填写培训，以及评价平台的使用培训。班级评价小组负责对学生、家长进行培训，包括班级实施方案的解读，写实记录的填写培训，以及评价平台的使用培训。

二是公示与三级申诉机制。学校在各个阶段对学生综合素质进行评价后，需要将结果进行公示，并接受学生的申诉。明确公示内容、公示时间、公示范围、公示方式等具体要求，做到公开、公平、公正，公示时间不少于5个工作日，并建立了班级、校级、区级三级申诉机制。学生对综合素质评价过程或结果存在异议的，应在公示期间向班级提出申诉，班级在调查核实的基础上做出复议，10日内将复议结果答复申诉人。申诉人对班级的复议结果仍有异议的，可以向学校学生综合素质评价工作领导小组提出申诉。学校综合素质评价工作领导小组要在调查核实的基础上做出复议,10日内将复议结果答复申诉人。申诉人对学校综合素质评价工作小组的复议结果仍有异议的,可以向青羊区教育局相关部门申诉,青羊区教育局相关部门要进行实地调查,10日内将调查结果答复申诉人。

三是反馈机制。建立面向学校学生的反馈机制,实施差异教育,以实现教育评价促发展。学生、家长可通过"成长树"和"个人报表"随时查看学生的成长状况,每学期结束,系统自动推送学生综合素质报告,学校和教师充分利用典型事件材料,对学生成长过程进行分析和客观评价,引导学生自我发现、建立自信,实现全面而又个性的发展。

四是问责机制,建立检查制度和诚信责任追究制度,对弄虚作假者按有关规定予以严肃处理。青羊区教育局加强督导,把基于典型事件的学生综合素质评价工作作为评估学校工作的重要内容之一。

第二节

基于典型事件的学生综合素质评价体系实践推进

如前文所述,基于典型事件的学生综合素质评价是一种以事件为依据,以标签为载体,以数据为支撑,以平台为工具的评价模式。它旨在通过收集、分析、归纳、展示学生在日常学习和生活中发生的各种典型事件,从中提炼出能够反映学生综合素质的标签,形成学生的素质画像,实现对学生全面、客观、公正的评价。因此,在实践推进过程中,需要明晰典型事件的确定、平台的建设、标签的分析,以及选取试点学校开展实践运行并不断反馈改进等关键步骤。

一、典型事件的确定

(一)典型事件的写实记录

选择的典型事件是否典型对于最终的综合素质评价结果生成至关重要。此外,为了符合国家对学生综合素质评价的价值引导和跨区域比较,首先应对典型事件的选择范围进行界定。

对于"思想政治与品德修养"维度,主要在下述四个方面选择记录典型事件:参加公益活动、志愿者活动、社区服务等;参与学习弘扬传统文化活动,与国际友好学校(含港澳台)交换学习、联合调研;反映个人优秀道德情操的事迹,受到校级及以上表彰或宣传报道;无违法行为,未受到学校纪律处分等。

对于"学业水平"维度,主要在下述四个方面选择记录典型事件:学业水平测试成绩;优势学科的学习情况,如在公开出版的报刊、书籍上有作品发表,积极参与各项学科赛事并获校级及以上奖励;积极参与研究性学习或小课题研究,并取得一定成果;制订具有可行性的学习计划、学生生涯规划书,撰写有利于自我成长的学习总结等。

对于"身心健康与安全"维度,主要在四方面选择记录典型事件:《国家学生体质健康标准》测试结果;有擅长的体育运动技能,并积极参与到运动会、体育节等体育活动中;沟通能力和合作能力较强,人际关系融洽;遇到困难和挫折,积极面对、应对。

对于"艺术素养"维度,则主要记录下述两个方面认为具备典型性的事件:学生艺术素养测评主要结果;有声乐、器乐、舞蹈、戏剧、戏曲、绘画、书法等艺术技能或特长,并积极参与到各类艺术活动中。

对于"社会实践与创新"维度,主要从四个方面来选择记录典型事件:参与劳动技能学习,掌握基本的劳动技能,并积极参加家务劳动、校内值日;参与职业体验或社会调研,并撰写调研报告;参加研学旅行或学校组织的校外参观学习;积极参与各类科普教育、信息技术、科技创新实践探究及科技类学生交流竞赛活动、创客活动。

具体的记录方法主要包括过程记录、取得效果及获得荣誉等,对于统一组织的测试成绩,还需要填写相应的登记表格。

表6-1中分别对五个维度的典型事件选择及记录方法进行了汇总。

表6-1　典型事件的记录方法

评价维度	典型事件选择范围	记录方法
思想政治与品德修养	参加公益活动、志愿者活动、社区服务等 参与学习弘扬传统文化活动,与国际友好学校(含港澳台)交换学习、联合调研 无违法行为,未受到学校纪律处分	①过程记录:真实过程,持续时间、次数,及佐证材料; ②取得效果:老师和同伴评价等;

评价维度	典型事件选择范围	记录方法
思想政治与品德修养	反映个人优秀道德情操的事迹,受到校级及以上表彰或宣传报道	③获得荣誉:校级及以上德育类或综合类荣誉称号,校级及以上表彰或宣传报道
学业水平	学业水平测试成绩 优势学科的学习情况,如在公开出版的报刊、书籍上有作品发表,积极参与各项学科赛事并获校级及以上奖励 积极参与研究性学习或小课题研究,并取得一定成果 制订具有可行性的学习计划、学生生涯规划书,撰写有利于自我成长的学习总结	①表格登记:学业成绩; ②过程记录:研究性学习或小课题研究; ③取得效果:学习成果,导师评价; ④获得荣誉:校级及以上学习类奖励或荣誉称号
身心健康与安全	《国家学生体质健康标准》测试结果 有擅长的体育运动技能,并积极参与到运动会、体育节等体育活动中 沟通能力和合作能力较强,人际关系融洽 遇到困难和挫折,积极面对、应对	①表格登记:健康标准测试结果; ②过程记录:运动擅长项目及效果、典型过程记录; ③获得荣誉:校级及以上体育竞赛奖项
艺术素养	学生艺术素养测评主要结果 有声乐、器乐、舞蹈、戏剧、戏曲、绘画、书法等艺术技能或特长,并积极参与到各类艺术活动中	①表格登记:艺术素质测评结果,艺术技能或特长; ②过程记录:参加活动的效果、典型过程记录; ③获得荣誉:校级及以上艺术类奖励或荣誉称号
社会实践与创新	参与劳动技能学习,掌握基本的劳动技能,并积极参加家务劳动、校内值日 参与职业体验或社会调研,并撰写调研报告 参加研学旅行或学校组织的校外参观学习	①表格登记:分类活动次数、持续时间,形成的作品、调查报告; ②过程记录:参加活动的典型过程记录;

续表

评价维度	典型事件选择范围	记录方法
社会实践与创新	积极参与各类科普教育、信息技术、科技创新实践探究及科技类学生交流竞赛活动、创客活动	③获得荣誉：校级及以上信息类、科技创新类竞赛奖励或荣誉称号

如何在每个维度中选择某一典型事件，以及如何记录该项典型事件，本身就是一个学生自我评价的过程。由于学生的自我评价能力水平不同，需要教师、学校及教育行政部门进行更进一步的引导及规范。为此，青羊区就典型事件的采用制定了指导意见。第一，学校应结合办学实际和办学特色，制定操作细则，并可根据指标内涵增加典型事件选择范围等。第二，涉及荣誉或比赛奖励内容，仅指学校组织、教育行政部门组织或认可的评选结果。学生参加其他机构组织的活动或评选情况，可在写实记录部分如实记录。第三，对已纳入学校典型事件选择范围内的写实记录直接采用，对存疑的写实记录每月召开班会进行讨论认定。

上述典型事件采用意见既体现了典型事件选择的动态发展特性，又给予了学校和学生一定的自主权，体现了规范和特色的融合。

（二）写实记录的填写细则

为了有效规避教师、学校等评价主体的主观性，青羊区基于"典型事件"的学生综合素质评价构建了基于人工智能等信息技术的评价体系。为了减少数据清洗的消耗，同时提高机器对于标签提取的学习效率，有必要在区级层面对于典型事件的写实记录构建一个格式框架，即对写实记录的记录要素及填写细则进行清晰界定。

记录要素主要包括典型事件的名称、发生的地点、发生的时间及时长，对事件的描述及取得的成果五个部分。填写中要遵循真实性、准确性、过程性、代表性及触动性五个填写原则。

填写中需要保证所记录典型事件的真实性。填写学生在生活中实际发生的事情,客观反映学生在事件过程中的表现,不虚构、不夸大,以确保描述的每个细节都是真实的。例如,如果学生在某次社区服务中担任志愿者,那么记录中应准确反映学生的参与程度、所做的工作及对社区的影响。还应提供与事件相关的佐证材料,如照片、证明信或其他文件,有助于加强事件的真实性。

填写中需要保证所记录事件要素的准确性。记录的事件应该准确地反映学生的行为、表现或成就,避免模糊、不清晰或不准确的描述,以确保评价的客观性。不同类型的典型事件需要关注不同的细节,但都需要保持准确性。记录时要注意描述事件的全貌,以确保评价人员能够准确理解学生的表现和素质发展。比如,学生参加了社区清洁活动,捡拾了垃圾、清理了公园,在记录中应准确反映学生的时间投入、所做的具体清洁工作,以及对社区环境的改善。再如,学生参加了生物学研究活动,探讨了植物生长的影响因素,在记录中应准确反映学生选择的研究问题、实验步骤、数据收集方式,以及对结果的准确解读。又如,学生作为学生会主席,负责组织校内活动、协调会议、代表学生发言,在记录中应准确反映学生的领导职责、活动策划和与其他成员的互动。

填写中应关注典型事件的过程性。要详细描述事件的过程,包括学生的思考、行动、决策和反思等环节,过程性描述有助于理解学生的行为和素质发展过程。在描述事件时,不仅要关注结果,还要详细描述事件的起因和背景。这包括事件发生的原因、触发因素及学生为什么选择参与或执行某项活动。记录学生在事件中的具体行动和决策。这包括他们采取了哪些步骤,如何解决问题,是否有计划和策略等。例如,如果学生参与了一次团队项目,描述中应该包括他们在项目中的具体工作、分工和协作方式。过程性描述还应该涵盖学生的思考和反思过程。这包括他们在事件中遇到的挑战、如何应对,以及从中学到的经验。例如,如果学生在一次演讲比赛中获胜,描述中应该包括他们的演讲准备、紧张情绪、反思和改进的想法。

此外,尤为重要的是典型事件的记录和填写一定要突出个性化及代表性。选择的典型事件应该能够代表学生在某方面素质上的表现。这意味着事件不仅仅是个例,而是具有一定普遍性或代表性的,避免选择过于特殊或不具有普遍性的事件。代表性的事件应该能够涵盖多个方面或维度。例如,如果学生在领导岗位上表现出色,那么事件描述中应该包括他们的领导能力、沟通技巧、团队协作等多个方面。避免选择过于极端的事件,无论是成功的还是失败的。代表性的事件应该能够平衡正面和负面的经验,以更全面地展示学生的素质。选择的典型事件应该与评价的目标相关。例如,如果评价的目标是学生的领导能力,那么选择的事件应该能够代表他们在领导方面的表现。

最后,要凸显该项典型事件对自己的触动性。综合素质评价是一个促进反思的过程,需要反思总结和体验交流。记录的事件应该具有一定的情感触动力,不仅仅是描述事件的外在表现,还包括事件对学生内心世界的影响。触动性的事件通常会引发学生的思考和反思。例如,一次令人感动的经历可能会激发学生对自己的成长、价值观或人生目标的思考。选择的典型事件还应该能够引起评价人员的共鸣,让他们更好地理解学生的内心体验,有助于评价人员更全面地评估学生的素质和能力发展。写实记录中的情感描述,有时涉及学生的隐私,且较难进行客观考证,因此需要强化信息安全及正面引导。

二、评价平台的建设

(一)平台设计

基于"典型事件"的学生综合素质评价需要学生(低年级学生由家长配合上传)和老师持续上传海量的音频、视频、图片和文本等材料。平台既要对这些大数据(大部分是非结构化数据)进行采集、存储、治理、分析和挖掘,以确保数据可靠、可用;也要对这些过程(材料上传、事件遴选、批量审批等)进行高效管理,尤其是要利用人工智能技术短时间内完成大量材料(数据)的机器评审,帮助老师减轻工作负担,提高工作效率,同时增强典型事件遴选的客观性。

为实现上述功能,青羊区教科院与中国联通成都分公司签署了战略合作协议,由中国联通成都分公司负责平台的架构。图6-4展示了基于"典型事件"的学生综合素质评价平台总体架构。

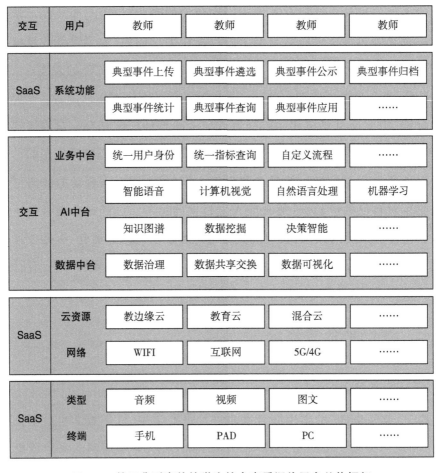

图6-4 基于典型事件的学生综合素质评价平台总体框架

　　图6-4从下到上展示了基于典型事件的学生综合素质评价平台从数据采集到报告生成的逻辑框架。数据采集终端为日常使用较为频繁的手机、PAD、PC等,采集到的数据信息包含图文信息、视频信息及音频信息等。基础设施即服务(Infrastructure as a Service,IaaS)提供了基于云的服务器、存储、网络等硬件资源,根据综合素质评价的需要购买相应的存储空间,可自由配置和管理自己的操作系统、数据库、中间件等软件环境;IaaS的优点是灵活性高、可扩展性强、成本效益高、可用性高、性能好、安全性高、技术先进等。平台即服务(Platform as a Service,PaaS),在IaaS的基础上,提供了操作系统、数据库、运行环境、中间件等软件平台,可以专注于开发和部署综合素质评价所需的应用程序,如数据中台、AI中台及业务中台,而无须管理底层的基础设施;PaaS的优点是加快产品投入使用的速度、降低测试和采用新技术的风险、简化协作、提高可扩展性、减少管理负担等。软件即服务(Software as a Service,SaaS),提供了完整的软件应用程序,如典型事件上传、遴选、归档等,教师、学生/家长等用户可以通过互联网访问,无须安装和维护;SaaS的优点是易于使用、易于更新、易于集成、易于扩展、成本可预测、安全性高等。通过SaaS的各项应用软件功能实现,最终可与用户开展交互作用,如向学生/家长呈现学生的综合素质评价结果及发展建议,向教师展示班级学生的整体状况及预警信息,向教育管理者呈现评价分析及政策建议等。

　　在具体实践中,青羊区协同中国联通成都分公司基于上述平台架构,对数据采集与存储、数据转换与处理、数据分析与挖掘,以及数据可视化与服务这四个关键环节的功能实现进行了系统设计。

　　数据采集与存储:为便于学生和家长进行事件的录入,平台采用微信小程序方式,在家长或学生手机终端完成写实数据(文本、图片、视频、音频)的采集和上传。考虑到青羊区的学生数量及写实数据形式的多样化,平台采用Hadoop分布式文件系统（HDFS）来统一存储这些不同结构的数据，以提升存储容量及计算速度。Hadoop分布式文件系统作为Hadoop的一个核心组件，可在硬件上存储和处理大量的数据。HDFS具有以下特点：一是高容错性，HDFS可以自动检测和恢复节点故障，通过数据副本机制保证数据的可靠性；二是高吞吐量，HDFS支持大文件的存储和流式数据的访问，适合批量处理的场景；三是可扩展性，HDFS可以通过增加节点来扩展集群的存储和计算能力，支持数千个节点的规模；四是简单性，HDFS隐藏了分布式存储的复杂性，提供了类似本地文件系统的接口，方便用户使用。

数据转换与处理：考虑到写实数据形式的多样性，为了提高数据转换和处理的精度和效度，平台先从单一明确的图文识别（如证书）开始实践，后期逐步拓展至探索多样复杂的短视频内容要素分析。图文识别时，利用计算机技术和自然语言处理对各种材料数据进行识别和理解，形成各类主题数据，通过与预先设定的敏感词库、知识模型等进行模式匹配，实现典型事件的机器审核。主要应用于下述场景：一是平台自动判断家长或学生上传的证书属于哪个层级（国、省、市、县），是否具备典型性；二是平台自动判断各种材料是否符合设定的评价维度，材料之间是否有一致性。

数据分析与挖掘：根据设定的典型事件评价维度和评价内容，利用统计分析、聚类、关联、关系挖掘、社会网络分析等方法进行大数据分析和挖掘。从纵向看，分析个体（学生）或群体（学校、区县）典型事件的发展趋势；从横向看，分析群体成员之间或各维度素质内部之间的关联情况，两者都进行深度挖掘，找出典型事件对综合素质评价和学生全面发展的影响因素。

数据可视化与服务：根据区县教育部门、学校、教师或家长的不同需求，定期对学生上传的写实数据进行综合分析；加强数据结果的可视化服务，使其具备良好的可视化分析支持引擎。同时，建立起统一、规范、开放的数据信息系统,对学生综合素质评价产生的数据,进行统一管理,通过接口的方式对不同权限用户提供相应的报告及分析服务。

(二)平台界面

青羊区教科院与中国联通成都分公司定期召开平台升级改版研讨会,组织实验学校相关教师、学生、家长开展平台使用培训会,并就平台界面进行了多次深入交流,最终确定了平台界面应具备人性化、便捷化、清晰化、板块化等特点。针对前期平台试用过程中存在的问题和收到的建议,不断完善评价平台,优化评价流程,学生综合素质评价系统(含PC端、微信小程序端)于2022年4月正式上线,并针对不同用户对象研制相应的操作手册。

平台针对用户的不同身份设计了区域访问界面及校级访问界面。

区域访问界面主要针对区域管理员开放,设计了区域综合素质评价管理平台,可对学校、教师和事件进行管理。访问页面包含六个板块,分别为评价体系管理、体测标准管理、教师异动、学校管理、事件管理和评价报告查询。在区域综合素质评价管理平台上,可以看到全区所有学校的总体情况,也可以分别查看每个学校的详情。在每个板块内,区域管理员可根据需要进行相应操作。区域管理员访问界面如图6-5所示,图6-6展示了区域事件的数量统计页面。

青羊综合素质测评			
ⵀ评价体系管理	标签管理		
标签管理			
评价体系	**标签说明:**		
默认对应关键字	标签可批量导入或单独添加;标签名称不可重复。添加标签后,可在"评价体系"中将标签与评价体系的维度进行对应。		
::体测标准管理			
::评语库管理			
::教师异动	添加 添加 下载模板		
ⵀ学校管理			
♀事件管理	**标签名称**	**所属维度**	**操作**
▦评价报告查询	创新能力	创新能力—社会实践与创新	编辑 删除
	劳动实践	劳动实践—社会实践与创新	编辑 删除
	社会学习	社会学习—社会实践与创新	编辑 删除
	艺术特长	艺术特长—艺术素养	编辑 删除
	艺术体验	艺术体验—艺术素养	编辑 删除
	心理健康	心理健康—身心健康与安全	编辑 删除
	安全素养	安全素养—身心健康与安全	编辑 删除
	健康生活	健康生活—身心健康与安全	编辑 删除
	体质状况	体质状况—身体健康与安全	编辑 删除
	学业素养	学业素养—学业水平	编辑 删除

图6-5 区域管理员访问界面

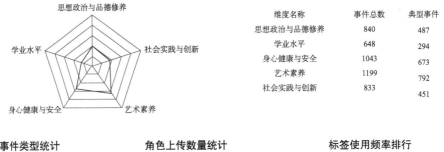

典型事件分布雷达图

事件数量统计

维度名称	事件总数	典型事件
思想政治与品德修养	840	487
学业水平	648	294
身心健康与安全	1043	673
艺术素养	1199	792
社会实践与创新	833	451

事件类型统计
- 总数
- 典型事件
- 普通事件

3137

角色上传数量统计
- 总数
- 班主任
- 科任老师
- 学生和家长

3137

标签使用频率排行

	标签名称	所属维度
1	艺术特长	艺术素养
2	学业素养	学业水平
3	艺术体验	艺术素养
4	学业潜力	学业水平
5	学业成绩	学业水平
6	体质状况	身心健康与安全

图6-6 区域事件数量统计

　　校级访问界面主要面向学校管理员、教师及学生开放,设立了校级综合素质评价管理平台,分为学生、教师和管理员三个入口(图6-7)。学校管理员共包含五个板块,分别为基础数据管理、学校信息管理、事件管理、评价报告查询和成绩单查询;教师可以选择班级进行管理,选择学生进行评价;学生可以填写写实记录,并形成个人报告。图6-8及图6-9分别展示了学校管理员、教师的管理界面,图6-10至图6-12分别展示了学生的登录界面、学生写实记录操作界面及学生个人报表页面。同时,家长可以在小程序上帮助学生一起填写和管理相关信息。

图6-7　校级综合素质评价管理平台访问界面

图 6-8　学校管理界面

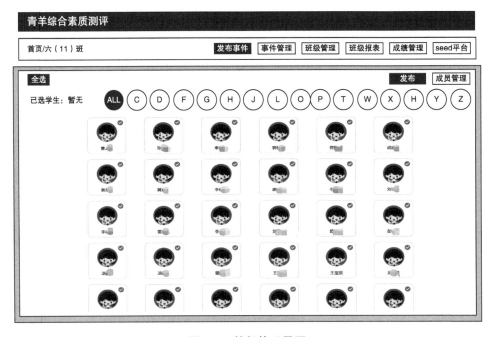

图 6-9　教师管理界面

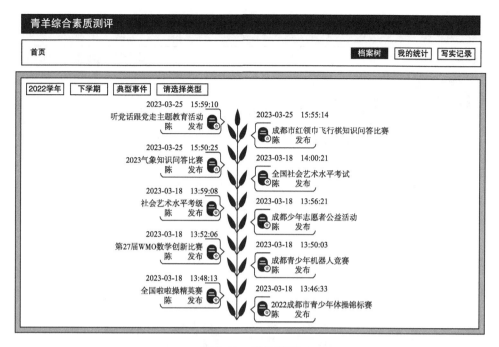

图6-10　学生界面

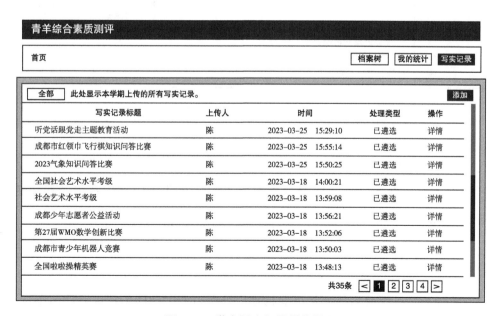

图6-11　学生写实记录操作界面

图6-12 学生个人报表

为了便于各用户系统了解和学习平台系统的使用方法,青羊区教科院联合中国联通成都分公司共同编制了面向不同用户群体的操作视频及操作手册,如图6-13所示。

三、标签分析的算法设计

传统的学生综合素质评价需要构建以评价目的为导向的评价指标体系,通常将学生的某一项素养拆分为若干个测量指标,每一个指标再对应学生的一项表现,具有一对一或多对一的特性,便于进行量化分析,但也存在将学生的综合素质进行割裂的缺陷。为解决这一问题,青羊区教科院提出了基于"典型事件"的学生综合素质评价,充分发挥了典型事件与学生素质的多对多优势,定性定量相结合对学生的综合素质进行过程性记录及评价,并进一步借助信息技术提高评价结果的客观性。

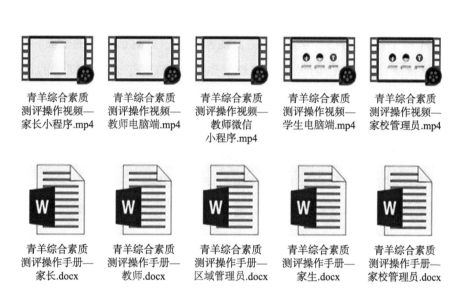

图6-13 用户操作指南界面

要实现典型事件与学生素质的多对多对应,需要借助标签技术来实现,从某一件典型事件中提取出能够代表学生素质的标签,再对一定时期内的若干项典型事件进行汇总分析。下面以一个例子来对基于"典型事件"的学生综合素质评价标签分析进行说明。

假设青羊区A初中二年级学生小明和小希,在期中测评时两人分别选择了如下两个典型事件。

小明典型事件1:在英语课上,主动与外教进行了一段流利的对话,展示了他的英语口语能力和交流技巧,得到了外教的赞扬和鼓励。

小明典型事件2:在体育课上,参加了一次足球比赛,表现出了灵活的身手、敏捷的反应、出色的射门,展示了他的体育素养和竞技能力,帮助他的队伍赢得了比赛。

小希典型事件1:在历史课上,代表小组成员用PPT展示了一个关于清朝末期的报告,内容翔实、图文并茂,引用了大量的史料和文献,得到了老师和同学的好评和掌声。

小希典型事件2:在音乐课上,用吉他弹唱了一首自己创作的歌曲,歌词感人、旋律优美,展示了他的音乐才华和创作能力,得到了老师和同学的喜爱和支持。

根据这些典型事件,人工或机器提取出如下标签。

小明典型事件1:英语口语能力、交流能力、表达能力等。

小明典型事件2:体育素养、竞技能力、团队合作等。

小希典型事件1:历史知识、研究能力、表达能力、团队合作等。

小希典型事件2:音乐才华、创作能力、表达能力等。

之后,根据标签对学生综合素质的重要性及标签间的相互关系,来确定各标签的权重,如标签集{英语口语能力、交流能力、表达能力、历史知识、研究能力、团队合作、音乐才华、创作能力、体育素养、竞技能力}的权重为{0.8、1.2、1.2、1.0、1.5、1.7、0.8、1.2、1.0、0.8}。

然后对这些标签进行归类,根据其所属的维度,将其归入不同的类别。

学业维度:英语口语能力、历史知识、体育素养、研究能力等。

社交维度:交流能力、表达能力、团队合作等。

兴趣维度:音乐才华、创作能力、竞技能力等。

最后,对每个维度进行综合评价,根据其包含的标签和权重,计算出每个维度的得分或占比,然后用语言描述出来,例如,对于学生小明:

学业维度:小明在学业方面表现优异,他的英语口语能力和体育素养都很突出,能够在课堂上展示自己的学习成果,在赛场上带领团队取得胜利,赢得了老师和同学的认可。学业维度的得分为0.8×英语口语能力+1.0×体育素养=1.8。

社交维度:小明在社交方面也很出色,他善于与人沟通,能够和同学们友好相处,积极参与集体活动,表现出了良好的团队合作能力,是一个受欢迎的同伴。社交维度的得分为1.2×交流能力+1.2×表达能力+1.7×团队合作=4.1。

兴趣维度:小明对体育有着浓厚的兴趣,他用足球展示自己的竞技能力。兴趣维度的得分为0.8×竞技能力=0.8。

对于学生小希:

学业维度:小希在学业方面表现突出,他的历史知识丰富,有着扎实的研究能力。学业维度的得分为1.0×历史知识+1.5×研究能力=2.5。

社交维度:小希擅长小组合作开展学习和研究活动,且具备极佳的表达能力,深受大家的信任。社交维度的得分为1.2×2×表达能力+1.7×团队合作=4.1。

兴趣维度:小希对音乐有着浓厚的兴趣,他用吉他弹唱自己创作的歌曲,表现出了他的音乐才华。兴趣维度的得分为0.8×音乐才华+1.2×创作能力=2.0。

上述示例展示了标签分析的整个流程,本节以下内容分别对青羊区基于典型事件的学生综合素质评价的标签提取、标签权重确定及标签合成等关键环节进行系统介绍。

(一)标签提取

提取标签的方法有多种,一种是人工提取,即由学生、家长或教师根据典型事件的内容和特点,从评价指标体系中选择合适的标签,或者自行定义标签,以文字的形式标注在典型事件的记录中。另一种是机器提取,即利用人工智能技术,如自然语言处理、语义分析、深度学习等,对典型事件的文本或多媒体数据进行智能识别和判定,自动生成标签,并给出相应的评价分值或等级。

青羊区当前在运用基于"典型事件"的学生综合素质评价模型进行标签提取时,采用了人工提取和机器提取相结合的形式,既凸显了学生综合素质评价具体应用场景的特性,又提高了标签提取的客观性。

人工提取标签主要是由教育部门及专业评价人员进行。青羊区教科院组织专业人员选取某一试点学校,综合分析该校学生填写的典型事件,从中提取出标签的初始版本,再组织学生、教师、学校及教育行政部门有关人员代表就标签提取进行了多轮深入探讨,以形成初始标签集。

机器提取方面,基于典型事件的学生综合素质评价信息系统使用了自然语言处理中的 HanLP 工具,将一段原始文本(事件标题、事件描述、事件成果)转化为结构化的表格数据,并按标签对文本数据进行归集,应用 TF-IDF 分析出每个标签类别中的关键词,组建词频矩阵模型。TF-IDF 算法是一种基于词频和逆文档频率的统计方法,用以评估一个词对于一个文档集或一个语料库中的其中一份文档的重要程度。它认为一个词的重要性随着它在文档中出现的次数成正比增加,但同时会随着它在语料库中出现的频率成反比下降。TF-IDF 算法的优点是简单快速,结果比较符合实际情况;缺点是只考虑了词的频率,而没有考虑词的位置、语义、上下文等信息,可能会忽略一些重要的词或者提取一些无关的词,因此,需要进行进一步评估。

青羊区基于"典型事件"的学生综合素质评价标签提取的最终发展方向为机器提取标签,当积累到足够的应用场景数据时,由人工智能自行判断标签提取和分类,不需要人工操作,只须定期抽查复检即可。

(二)标签权重确定与标签合成

每个标签对于学生综合素质的重要性和影响程度不同,并且标签之间也存在相互关系。标签的权重分配一方面可有效区分不同学生之间的素质差异,同时也能体现教育评价的价值导向。提高权重分配的有效性和科学性至关重要,青羊区对此开展了深入研究和充分探讨,并将其作为下一阶段的工作重点。

当前基于典型事件的学生综合素质评价信息系统运用了数字相对大小法,即 AHP 层次分析法和优序图法。它利用数字的相对大小信息,通过两两比较或直接打分的方式来确定各个指标或因素的相对重要性。数字相对大小法适用有多个层次或维度的综合评价,且需要结合专家的主观判断或问卷调查的数据的情况,在保证客观性的同时体现了教育评价领域的场景属性及利益相关者的意见。

在确定了标签权重的基础上,可进一步运用数据挖掘等技术进行标签合成。基于典型事件的学生综合素质评价信息系统利用聚类分析等算法,对标签进行分类、排序、评价等操作,通过深入分析各标签内在结构和规律,来对学生的综合素质进行评价,得到学生综合素质的特点、水平、优劣等信息。

四、选取试点学校开展实践运行

为了更好地推进学生综合素质评价的实践应用,青羊区在研究过程中采用行动研究法,注重理论和实践的相互反馈,助力评价模型可用性及科学性的持续迭代升级。在实践研究中,先后选取试点学校开展了两轮实践推进,第一轮试点学校主要参与确定典型事件的内涵、特征及选择,第二轮试点学校主要参与平台的建设、使用反馈及改进升级,两轮试点学校的选择存在交叉。各试点学校在实践运行中积极与课题组和其他试点学校进行交流和分享,相互学习和借鉴,推动研究的纵深发展和广泛推广。

(一)第一轮试点——明确典型事件的内涵、特征及选择

基于"典型事件"的学生综合素质评价实践应用的最重要一环便是学校的积极组织和推进,因此,从研究初期便将学校纳入研究团队,了解研究需求、明

确研究任务,并对"典型事件"的认知达成共识至关重要。

2020年1月,组建由区教育局、区教科院、实验学校构成的项目团队,课题组在全区中小学中遴选出12所实验学校,涵盖幼儿园、小学、初中、高中,探索学校层面实施综合素质评价的做法。2020年5月,区域层面成立了质量监测中心组,中心组成员成为区域推进学生综合素质评价研究的核心力量。课题组联合课题实验学校和质量监测中心组的研究力量组成项目团队,定期召开研讨会,进行内部经验交流分享,提高区域内部智慧成果的利用率,互相启发,拓展思路。

本轮试点学校的具体任务主要包括四个方面:一是参与课题的调研、培训、研讨等活动,积极配合课题组的工作安排,按时完成课题的各项要求。二是根据课题的指导意见,制定本校的学生综合素质评价方案,明确评价的目标、内容、标准、方法、流程、机制等,建立评价的组织架构和责任分工,落实评价的具体措施和保障条件。三是在学校内部开展学生综合素质评价的宣传和培训,提高教师、学生和家长的认识和参与度,形成评价的共识和氛围,确保评价的顺利实施和有效运行。四是采用多元的评价方式,收集和记录学生的典型事件,包括学生的日常表现、学习成果、活动参与、荣誉奖励等,反映学生的综合素质发展情况,形成学生的综合素质档案。

本轮试点工作结束后,12所试点学校的有关负责人、教师及学生、家长均明确了基于"典型事件"的学生综合素质评价的价值导向及优点,并对典型事件的内涵、特点及选取范围、记录方式达成了共识,为下一阶段的平台建设及使用夯实了根基。

(二)第二轮试点——平台的建设、使用反馈及改进升级

在广泛征集教师、家长、学生意见的基础上,青羊区完善了《成都市青羊区中小学生综合素质典型事件选择与采用指导意见(试行)》,学校在区级指导意见的基础上,形成了"一校一案"。同时,院企合作研发的学生综合素质评价平台于2022年4月正式开始运行,为不同用户配备了相应的操作手册和操作视频,并依托先进的人工智能等技术深入整合学生各发展维度的数据,实现了综合素质评价的灵活性、科学性和准确性。

基于"典型事件"的评价平台使用是否便捷,用户的使用感如何,对于项目的真正落地实施极为关键。需要在平台运营商和用户之间进行多轮交流,便于平台的持续改进升级。

本轮试点学校的主要任务包含两个方面:一是利用学生综合素质评价平台,将学生的典型事件进行上传、整理、分析和呈现,生成学生的综合素质画像,为学生的个性化发展提供数据支撑和指导建议。二是定期对学生综合素质评价的实施效果进行检查和评估,总结经验和问题,提出改进和完善的措施,不断优化和提升评价的质量和水平。

经过一年多的试点实践,评价平台不断升级,主要在以下四个方面进行了功能优化。第一,学校、班级可增加特色评价指标。学校、班级在区域评价指标的基础上,可增加校本化的二级指标和设置三级标签。同时,也利于评价者根据自己的评价标准设置标签进行筛选,使"谁使用谁评价"成为可能。第二,实现了评价主体的多元。除了班主任,科任老师也成为评价的主体,老师上传的写实记录可直接认定为典型事件。第三,评价方式更便捷。原有评价平台教师只能在PC端操作,现在开发了微信小程序,教师可以随时随地上传、遴选、查看学生的典型事件。第四,优化了评价流程。如公示时间的设定,系统默认学期结束的前七天进入公示期。学生、家长可在公示期内看到同班同学的典型事件,对存疑的典型事件进行申诉。公示期结束后,系统自动生成本学期学生的综合素质报告,并推送给学生、家长。

在两轮试点过程中,试点学校积累了丰富经验及优秀案例,下一章中将结合具体情境进行详细介绍。

第七章

青羊区基于典型事件的
学生综合素质评价应用及成效

　　经过四年多的探索与实践,青羊区各试点学校开展的基于典型事件的学生综合素质评价在深化学校教育评价改革、促进学生全面而有个性的发展等方面积累了不少经验,取得了一定成效。

　　在成都市金沙小学和成都市青羊区教育科学研究院附属实验学校等多所试点学校的逐步推广与深入实施下,基于典型事件的学生综合素质评价逐渐走向成熟。这一模式不仅为学校管理带来了创新,还为学生的个性化成长提供了有力支持,进一步推动了家校社之间的有效联动,为构建更加开放和多元的育人生态提供了坚实的支架与桥梁。

第一节

基于典型事件的学生综合素质评价的应用

一、成都市金沙小学

作为试点学校,成都市金沙小学在实践中发现基于典型事件的学生综合素质评价,能够很好地支撑学校现有的学生评价体系,更有效地促进学生综合素质发展。在具体应用中,学校坚持方向性、指导性、客观性等原则,注重三级指标体系的构建,典型事件的记录、遴选和公示,以及评价平台的管理、数据分析及应用等。

(一)三级指标体系的构建

为反映学生全面发展情况和个性特长,学校特别注重培养学生的社会责任感、创新精神和实践能力。在青羊区,基于典型事件的学生综合素质评价指标体系的5个一级指标(思想政治与品德修养、学业水平、身心健康与安全、艺术素养、社会实践与创新)及15个二级指标(思想政治、品德发展、公民修养、学业成绩、学业潜力、学业素养、体质状况、健康生活、安全素养、心理健康、艺术体验、艺术特长、社会学习、劳动实践、创新能力)框架下,学校结合自身发展特色设置若干三级指标(表7-1)。

表 7-1 　成都市金沙小学学生综合素质评价指标体系

一级指标	二级指标	三级指标
思想政治与品德修养	思想政治	红色革命基地学习； 红领巾爱学习争章； 参加爱党爱国活动
	品德发展	好人好事； 金沙之星评比
	公民修养	尊老爱幼； 参加志愿服务； 太阳公民积分； 国旗下展示； 参加公益活动； 太阳公民讲文物
学业水平	学业成绩	期末测试成绩； 金沙小学学科积分
	学业潜力	动手实践（实验）； 习作发表或获奖； 学习进步
	学业素养	课本剧带妆表演； 音乐剧带妆表演； 个人创作艺术展； 合唱表演； 学术交流及演讲
身心健康与安全	体质状况	体检报告； 国家体质健康标准测试； 青羊优视报告
	健康生活	运动技能； 体育类竞赛； 假期综合学习记录表

续表

一级指标	二级指标	三级指标
身心健康与安全	安全素养	安全平台学习综合记录； 消防演练； 地震逃生； 安全巡视岗
	心理健康	参加团辅活动； 应对困难挫折典型事件
艺术素养	艺术体验	参加艺术类评比； 参加演出或展览； 观看演出或展览
	艺术特长	书画创作； 乐器演奏； 个人演唱； 艺术考级
社会实践与创新	社会学习	职业体验； 社区活动
	劳动实践	美食制作及推广； 手工制作； 固定劳动岗位； 劳动技能展示
	创新能力	科创小发明； 编程获奖； 艺术创作； 专利申请

从表7-1可以看出,成都市金沙小学学生综合素质评价指标体系,既考虑三级指标的普遍性又考虑其特殊性,有一些三级指标具有普遍性,如参加志愿者服务、期末测试成绩、职业体验等,也有一些三级指标体现了学校发展特色,

如金沙之星评比、太阳公民讲文物、金沙小学学科积分、音乐剧带妆表演、美食制作及推广等。

(二)典型事件的记录、遴选和公示

典型事件的记录属于写实过程,主要由班主任或学科教师、学生或家长进行操作。在写实记录的基础上,班主任对上传的典型事件进行遴选和公示。具体来看,在接受区域层面培训的基础上,学校对班级评价小组进行基于典型事件的学生综合素质评价实施方案、写实记录的填写及评价平台的使用等内容的培训,班级评价小组再对学生或家长进行相关培训,形成支持学生综合素质评价工作开展的良好氛围。班主任或学科教师可以通过手机端或电脑端随时登录评价平台,录入学生在校期间课堂内外的重要成长事件材料;学生或家长也可以通过手机端或电脑端随时登录评价平台,录入自己或孩子在家或社会实践中的重要成长事件材料;班主任可以通过手机端或电脑端随时登录评价平台,查看和审核班级学生的重要成长事件材料,并遴选出符合典型事件要求的事件进行公示。通过典型事件的记录、遴选和公示,评价平台为每一位学生形成一份较为完备的学生综合素质报告电子档案,该电子档案包含学生基本信息、事件统计、主要成长结果记录等内容(图7-1)。

(三)评价平台的管理

从学校角度来看,评价平台由基础数据管理、学校信息管理、事件管理、评价报告查询、成绩单查询五个板块组成。其中,"基础数据管理"板块下设"科目管理""学期时间设置""学校标签库管理""评价体系查询""默认对应关键字"五个子板块,"学校信息管理"板块下设"管理员设置""班级管理""教师管理"三个子板块,"事件管理"板块下设"事件数量统计""事件检索""典型事件复议"三个子板块,"评价报告查询"板块无下设子板块,"成绩单查询"板块下设"学业成绩"和"体测成绩"两个子板块。

成都市青羊区学生综合素质报告

学期：2022学年下学期　　　　　　学校：成都市金沙小学B区

一、学生基本信息

姓名	×××	曾用名		性别	女
出生年月	2012-03-07	民族	汉	政治面貌	学生
身份证号码或学籍号					
通信地址	成都市青羊区		联系电话		

二、时间统计

典型事件分布雷达图　　　　　　　　　　事件数量统计

维度名称	事件总数	典型时间	普通事件
思想政治与品德修养	3	3	0
学业水平	8	8	0
身心健康与安全	7	7	0
艺术素养	10	10	0
社会实践与创新	4	4	0

图7-1　成都市金沙小学B区学生综合素质报告电子档案（部分）

　　其中,通过"基础数据管理"板块下的"科目管理"可以增设校本课程或活动(图7-2)、体测科目(图7-3),通过"基础数据管理"板块下的"学校标签库管理"可以增设事件标签(图7-4),这在很大程度上为学校特色发展提供了可操作空间,避免出现"千校一面"的情况。在同一所学校内,不同年级也可以开设本年级特色活动、扩充特定的评价指标。

图7-2 成都市金沙小学B区评价平台"学习科目"界面

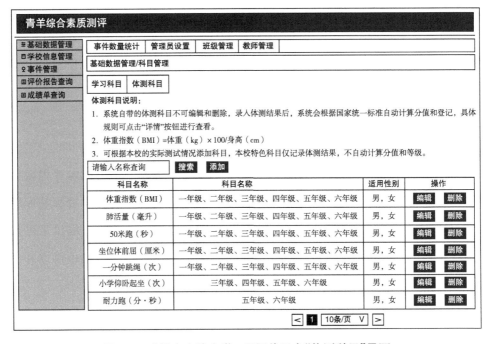

图7-3 成都市金沙小学B区评价平台"体测科目"界面

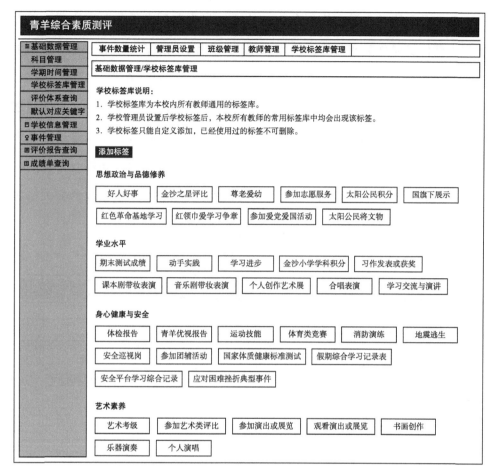

图7-4　成都市金沙小学B区评价平台"添加标签"界面

（四）数据分析及应用

在评价平台上，学校可以通过"事件管理"板块下的"事件数量统计"调取不同学年不同学期不同学生样本进行分析，了解和掌握学生综合素质发展现状和特征，为学校、年级、班级等提供决策参考，以进一步提高学生综合素质。

　　一是对全体学生数据进行分析。从全体学生典型事件分布雷达图可以看出学生整体发展优势和劣势。例如，2022学年上学期成都市金沙小学B区学生在思想政治与品德修养、艺术素养等方面发展相对突出，在身心健康与安全、社会实践与创新等方面发展相对不足，见图7-5。因此，学校在制定发展规划时重视对学生身心健康与安全、社会实践与创新等方面的引导。通过一年来学校指导策略的调整，2023学年上学期成都市金沙小学B区学生在身心健康与安全、社会实践与创新等方面得到了较好的发展，这说明学校投放的相关措施发挥了有效作用（图7-6）。

图7-5　成都市金沙小学B区2022学年上学期学生典型事件

图7-6 成都市金沙小学B区2023学年上学期学生典型事件

　　二是对各班学生数据进行分析。从各班学生典型事件分布雷达图可以看出学生发展优势和劣势,见图7-7。例如,2023学年上学期,成都市金沙小学B区四年级七班学生发展优势是身心健康与安全、社会实践与创新,发展劣势是艺术素养;四年级八班学生发展优势是社会实践与创新,发展劣势是学业水平、艺术素养;四年级九班学生发展优势是思想政治与品德修养、身心健康与安全,发展劣势是艺术素养;四年级十班学生发展优势是社会实践与创新、身心健康与安全,发展劣势是学业水平、艺术素养;四年级十一班学生发展优势是艺术素养,发展劣势是学业水平。通过分析五个班级学生典型事件分布雷达图,可以发现各班发展优势和劣势。进一步比较分析五个班级学生典型事件数量可以发现,四年级七班学生综合发展明显优于其他班级,四年级九班、十一班学生综合发展相对较差。上述分析为班主任加强班级管理提供方向。

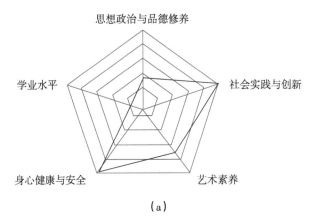

（a）

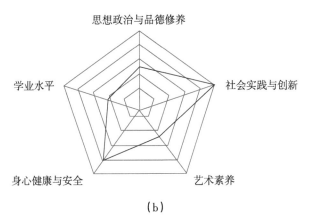

（b）

选中的条件：　　　　四（7）班　四年级　成都市金沙小学B区管理员

导出

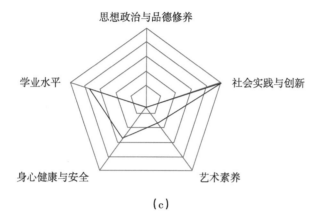

典型事件分布雷达图

思想政治与品德修养

学业水平

社会实践与创新

身心健康与安全

艺术素养

（c）

选中的条件：　　　　四（7）班　四年级　成都市金沙小学B区管理员

导出

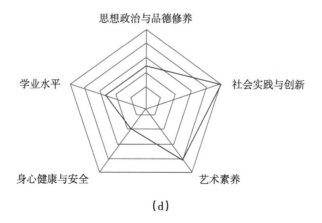

典型事件分布雷达图

思想政治与品德修养

学业水平

社会实践与创新

身心健康与安全

艺术素养

（d）

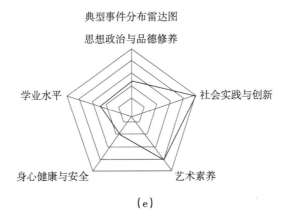

（e）

图 7-7　成都市金沙小学 B 区四年级某班学生典型事件

三是对不同学生数据进行分析。从学生典型事件分布雷达图可以看出学生个体发展优势和劣势,见图 7-8。例如,2023 学年上学期,成都市金沙小学 B 区四年级七班林同学的发展优势在社会实践与创新、身心健康与安全等方面,发展劣势在学业水平和艺术素养;曹同学的发展优势在思想政治与品德修养、社会实践与创新等方面,发展劣势在学业水平和艺术素养。通过分析林同学和曹同学的典型事件分布雷达图,可以发现各自发展优势和劣势。进一步比较分析林同学和曹同学的典型事件数量可以发现,曹同学综合发展明显优于林同学。上述分析为班主任更有针对性地指导学生发展提供依据。

四是对学生个体数据进行分析。通过对学生个体典型事件目录和详情的分析,可以深入了解学生个体发展状况。班主任还可以利用班队课时间,在评价平台上对个人典型事件进行图文展示,同时达到公示和在班集体中树立榜样的作用。

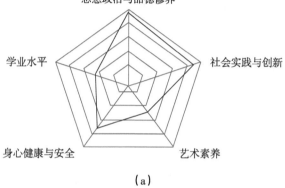

（a）

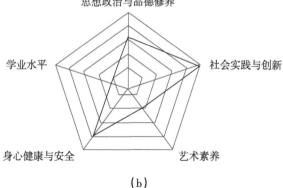

（b）

图7-8 成都市金沙小学B区2023学年上学期某班同学典型事件

二、成都市青羊区教育科学研究院附属实验学校

作为试点学校,成都市青羊区教育科学研究院附属实验学校(原四川师范大学实验外国语学校)以正在开展的"行走成都"课程(图7-9)为抓手,积极创设条件促进学生典型事件的发生,将"行走成都"课程打造成学生典型事件孵化场,不断孵化出类型丰富、影响深远的学生典型事件,为基于典型事件的学生综合素质评价奠定了坚实基础。

(一)"行走成都"课程中典型事件的丰富类型

成都市青羊区教育科学研究院附属实验学校,以多学科协同育人为策略,基于儿童生活圈,从研学课程本身的实践属性、人文属性、社会属性出发,构建"行走成都"课程框架,采用项目式学习和主题式学习,培养学生的科学探究、人文理解、责任担当等核心素养。在"行走成都"课程实施过程中,多学科紧密联系、协同育人,涌现出一批批典型事件,从中可以看见不一样的学生。

通过行前准备课程、行中实地探究、行后总结反思,"行走成都"课程孵化出的典型事件类型丰富,诸如家国情怀型、文化自信型、科学探究型、健康生活型、实践操作型、深入探究型、责任担当型、创新创造型、团队合作型、心理健康型等。

文化自信型典型事件。在"行走成都"课程中,五年级学生小刘观看了成都特色的茶艺表演,他还身着汉服,手捧茶壶,切身去演绎了一番。那一刻,他深深地感受到中华文化的博大精深,也为自己是成都人而骄傲。他常常邀请外地的亲朋好友来成都游览,向他们介绍成都是个旅游胜地。成都有历史悠久的武侯祠,在这里可以追寻三国英雄的足迹;有风景秀丽的青城山,在这里可以感受大自然的神奇魅力;还有举世闻名的都江堰,在这里可以领略古人的智慧和勤劳。陪伴外地朋友游览后,小刘总是骄傲地对他们说:"我爱我的家乡成都,爱这里的文化、风景和人情。在未来的日子里,我会更加努力学习,传承和弘扬中华文化,为家乡的发展贡献自己的力量。"

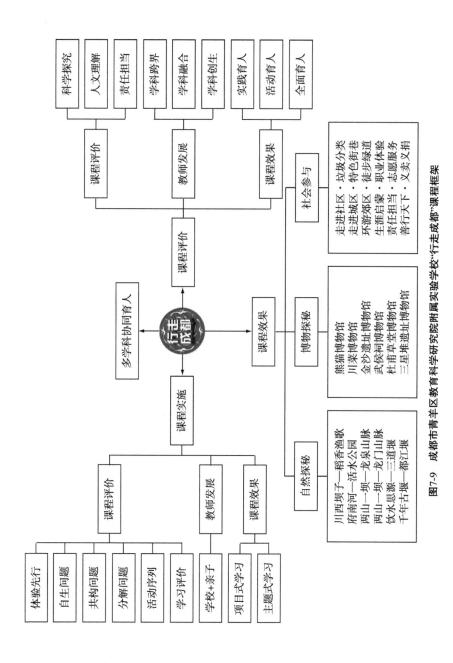

图7-9　成都市青羊区教育科学研究院附属实验学校"行走成都"课程框架

科学探究型典型事件。四年级学生小王一直对自然现象充满好奇,对科学世界充满向往。在"行走成都"之"行走龙门山"课程中,他选择了"动植物研究小组",在导师的指导下,他开始了为期一个月的实地考察和数据收集工作。在实地考察中,小王发现了一种特殊的植物,它能在高海拔的岩石缝中顽强地生长。这一发现引起了他的极大兴趣。他仔细观察这种植物的形态、生长环境和生长过程,并记录了详细的数据。回到学校后,他利用图书馆和网络资源,查阅了大量相关文献,试图解释这种植物为什么能在如此恶劣的环境中生存下来。经过深入研究和多次实验,小王终于揭示了这种植物对环境的适应性机制。他发现,这种植物具有独特的生理结构和代谢方式,能够在低氧、低温和高辐射的环境下生存。这一发现不仅为他赢得了老师和同学们的赞誉,还为他未来的科学研究奠定了基础。

健康生活型典型事件。在"行走成都"之"行走青城山"课程中,小明发现有些同学在爬青城山时因为体能不足显得特别吃力。而他自己,虽然平时有一定的运动习惯,但在长时间的徒步后也感到了明显的疲劳。这次体验让他深刻认识到,一个健康的身体对于生活和学习的重要性。小明决定更加注重自己的健康。他开始制订更加合理的饮食计划,增加运动的时间和强度,并积极参与学校组织的各种体育活动。同时,他也鼓励身边的同学一起参与锻炼,共同追求健康的生活方式。

实践操作型典型事件。在"行走成都"之"行走川菜博物馆"课程中,二年级学生小小不仅了解了川菜的历史和文化,还学习了泡菜的制作方法。回校后,小小兴致勃勃,带领同学们在劳动课上开始了实践操作。她和同学们分成几个小组,每个小组都领取了制作泡菜的材料和工具。大家按照老师的指导,一步步地操作起来。从切菜、放盐到搅拌、密封,每一个环节都充满了乐趣。经过大家的努力,小小和同学们终于完成了泡菜的制作。孩子们不仅在学校进行实践,还在家掀起了一股"泡菜风",带领爸爸妈妈一起参与其中。虽然孩子们的泡菜可能不如专业厨师做得好,但每个人都非常开心,因为大家体验到了制作的乐趣,也学到了很多知识。

责任担当型典型事件。在"行走成都"之"行走大熊猫博物馆"课程中,一个关于大熊猫保护的科学研究项目引起了五年级学生小红的注意。该项目通过科学手段,如基因测序、栖息地恢复等,致力于保护大熊猫这一濒危物种。这让小红和同学们深感科学家们的责任与担当,也让他们意识到每个人都有责任爱护动物,保护地球的生态平衡。回校后,她倡导全班同学共同制定"爱护动物从我做起"的公益计划,围绕尊重生命、友善对待来制定小学生班级公约。她倡导同学们对待小动物要友善,不要伤害它们;如果遇到受伤的小动物,要及时告诉老师或家长,寻求帮助;爱护环境,不乱扔垃圾,不破坏动物的栖息地;在公园或动物园观赏小动物时,要文明观赏,不要大声喧哗,不要随意喂食,尊重动物的生活习性;积极参与学校或社区组织的爱护小动物活动,为环境保护贡献一份力量。

团队合作型典型事件。在"行走成都"课程中,最让五年级学生小天难忘的是和同学们一起探索龙门山脉的经历。出发前,他们一起制订了详细的计划,从行程安排到需要准备的物品,都一一列出。小天和老师们还特别讨论了如何收集和整理关于龙门山脉的资料,以便更好地了解该山脉的历史和特色。当他们来到龙门山时,大家分工合作,有的负责拍照记录,有的负责记录文字资料,还有的负责收集当地的传说和故事。大家一起爬山、观景,还品尝了当地的美食。在这个过程中,他们互相鼓励、互相帮助,一起克服了困难。回到酒店后,同学们围坐在一起,整理收集到的资料。每个人都分享了自己的发现和感受,大家共同完成了对龙门山脉的全面了解。这次研学活动让小天深刻体会到团结协作的力量,和同学们一起制订计划、收集资料、探讨内容,不仅让他更加了解龙门山脉,也让他学会如何与他人合作、共同面对困难。

(二)"行走成都"课程中典型事件的深远影响

"行走成都"课程以成都广阔的育人资源为背景,开发系列研学课程,培养学生的科学探究、人文理解、责任担当等核心素养。从2015年至今,学校开发学科拓展课程,挖掘"学科育人"内涵。学校又以"人"的整体建构为目标,以素养为导向,打破学科壁垒,寻求学科协同,发挥多学科综合育人功能,促进学生全面发展。几年来,特别是2022年义务教育课程方案和课程标准颁布以来,依托"行走成都"课程,教师"四观"被重塑,即儿童观从"知识本位"走向"素养本位"、教学观从"以教为主"转向"以学为主"、学科观从"学科割裂"走向"学科统整"、育人观从"坐而论道"转向"学科实践";教师育人方式转变为整体育人、学科育人、协同育人、实践育人。

"行走成都"课程带学生入情境,引万物入课堂,联结知识与生活、知识与知识、知识与自我,让学生整体认知、整体建构、整体成长;促进学生在行走中观察、体验、实践,在实践中协作、思考、创造,在创造中系统地、批判地思维,既让学生体会"行走"的快乐,又让学生在行走中获得生命的力量。"行走成都"课程使学生真参与、真探究、真获得,从这片沃土中生发的学生典型事件,从某一个方面或多个方面促使学生成长,是学生综合素质提升的核心要素,促进学生全面而有个性的发展。无疑,"行走成都"课程中的典型事件深化了基于典型事件的学生综合素质评价。

第二节

基于典型事件的学生综合素质评价的主要成效

通过对基于典型事件的学生综合素质评价的应用,各试点学校、教师、学生和家长等主体发生明显变化。

一、学校层面的成效

(一)更加认同与支持学生综合素质评价

基于典型事件的学生综合素质评价是重质性的、多元的、可追溯的、画像式的评价,这一内涵特征得到学校的广泛认同。加之基于典型事件的学生综合素质评价平台使用便捷,教师、学生、家长等可以随时登录评价平台上传、查看成长事件,且学生综合素质报告电子档案生成、存储和调取便捷,得到学校的大力支持。受访试点学校表示,基于典型事件的学生综合素质评价,有利于引导学校树立正确的办学方向,帮助学校实现从"育分"走向"育人"、培养德智体美劳全面发展的社会主义建设者和接班人。各学校积极开展基于典型事件的学生综合素质评价的校本化研究与实施,例如,成都市泡桐树小学重视学生的过程性评价,并制作了学生《自主管理手册》;成都市草堂小学开设了"好习惯连锁店",以多元评价方式促进学生养成好习惯;成都市青羊实验中学采用"素质教育三维评价模式"对中学生进行更为严格的评价,旨在促进学生全面发展。

（二）学生综合素质评价内容更加多样

在思想政治与品德修养、学业水平、身心健康与安全、艺术素养、社会实践与创新五个维度下，基于典型事件的学生综合素质评价，允许各个学校结合自身发展特色、根据自身发展需要细化评价指标、创设三级指标。例如，成都市金沙小学深挖学校特色课程与活动，围绕主题研学活动形成红色革命基地学习、围绕太阳公民积分制和二星章等评选，形成红领巾爱学习争章、围绕劳动教育特色课程形成美食制作及推广等三级指标，让典型事件更具针对性和可操作性。成都市石室联合成飞学校，利用毗邻中国重要歼击机研制生产基地成都飞机工业（集团）有限责任公司的地理位置优势，聚焦航空发展特色，构建五大类（品德与社会、语言与阅读、科学与技术、运动与健康、艺术与审美）、四课型（基础型课程、拓展型课程、实践型课程、特色型课程）的"飞天课程"。各试点学校围绕学生全面而有个性的发展需求，贯彻以生为本的新课程理念，在开齐开足国家课程的前提下，重构学校课程体系，对国家课程、地方课程进行校本化实施，不断丰富学生综合素质评价内容，完善学生综合素质评价体系，推动学校多样化发展，实现"各美其美、美美与共"。

（三）以学生综合素质评价促进学校管理

基于典型事件的学生综合素质评价不仅构建了评价体系，还建设了评价平台，完善的评价体系能够帮助学校优化已有评价体系，易于操作的评价平台更是成为学校开展学生综合素质评价的重要信息化载体。例如，成都市金沙小学、成都市泡桐树中学分别将学校已有的"太阳公民成长制""基于核心素养的学生全人评价体系"与基于典型事件的学生综合素质评价进行有机结合，结合后的评价体系不仅能够全面反映学生德智体美劳全面发展情况和个性特长，可以通过评价平台对学生真实发生的事件进行记录、遴选和公示，最终形成电子版的学生综合素质评价报告。评价平台积累了大量学生成长数据资料，通过对评价平台数据资料的分析,可以了解和掌握全校、不同年级、不同班级学生综合素质发展的优劣势,利于学校及时采取有针对性的措施进行干预,精准服务学校管理。受访试点学校表示,评价平台生成的学生典型事件分布雷达图直观又明了,基于数据资料分析提出的相关建议保障学校发展更有力度。此外,有试点学校针对综合素质发展处于边缘的学生设置"班级临时服务",旨在通过安排学生参与班级服务帮助其积累有意义的成长事件,还有试点学校对在学生综合素质评价体系的构建、推广和实践中学习研究、据章执行的教师个人及团队给予绩效奖励倾斜。可见,通过开展基于典型事件的学生综合素质评价,试点学校管理工作在调整中不断得到优化。

二、教师层面的成效

(一)重视评价转型,提升评价素养

基于典型事件的学生综合素质评价秉承新课程理念,重视教、学、评一体化发展,以学生综合素质评价为导向,将学生的典型事件、学业表现等进行融合。教师更加关注学生的全面发展,转变以"分数"为单一手段评价学生的理念。教师将学生综合素质评价运用于班级管理和教学,在此过程中,教师的评价素养得到大幅度提升,不仅评价意识不断增强,评价方法多种多样,而且评价能力显著提高。这种新评价理念真正实现了以评促学、以评促教,顺应了新课程改革方向,推进了教学改革纵深发展。以成都市少城小学为例,开展学生综合素质评价改革前,该校大多数教师评价方式单一,随着评价改革的开展,越来越多的教师在日常教学实践中运用表现性评价,在课堂上"经常尝试运用表现性评价"的比例达71.9%;同时,该校教师以细化的标准对标自己的课堂,不再只关注学生知识内容的习得,而是更关注学生能力分项的培养,评价指标和方式的细化也促使教师在教学方式上不断优化和调整。

（二）激发班级活力，优化班级管理

在班级中，班主任利用学生综合素质评价工具（如成都市金沙小学的"太阳公民积分"）影响和激励班集体中的个人行为，促进班集体全面健康发展。在此激励机制下，各班学生积极参与校内各项集体活动，班集体中每一个学生取长补短，充分发挥个人特长并积极主动参与各项集体活动，将个体力量汇聚在集体之中，班级管理不断优化。例如，成都市实验小学明道分校六年级七班班主任积极打造国旗下主题实践讲话活动的跨学科项目式学习课程，在2023学年上学期开展重阳节主题实践活动，活动包括"我为重阳代言，撰写重阳习俗介绍文案、拍摄重阳习俗纪录片""我为老人颁奖，撰写奖项与颁奖词""设计我的重阳体验周""共同学习《中华孝道》手势舞""单元习作——《多彩的活动》"。在整个实践活动中，该班学生运用各学科知识，积极发挥自己的优势，也努力突破自己的不足，在许多方面都取得了良好效果。

（三）关注学生差异，促进学生发展

基于典型事件的学生综合素质评价不局限于考试分数，评价维度更多元，评价方式也更多样。在综合素质评价体系的激励下，越来越多的学生通过积极参加各类活动发现自己的特长潜能、短板劣势，教师在教育教学过程中关注学生个体差异、因材施教，引导鼓励学生扬长避短，促进学生全面而有个性的发展。例如，成都市石室联合成飞学校教师针对一名一年级学生专注力差的问题，结合该生性格特点采取奖惩结合、及时表扬和记录的方式，逐渐提高了该生的专注力。成都市青羊区教育科学研究院附属实验学校教师，针对轩轩同学典型事件少之又少的问题，通过同学互评发现他"爱劳动"这一闪光点，在"劳动月"里，让他当卫生员。现在他看到垃圾桶满了会主动倒，地上有脏东西会主动扫，和小伙伴的交际中也有礼有节。在"行走课"上，让他进行视频编辑、展示，提高其综合素养与自信，在和善而坚定的氛围中轩轩的德智体美劳慢慢发展。

三、学生层面的成效

(一)激发兴趣,了解自我

典型事件通过引导学生参与实践活动,激发其对特定领域的兴趣。学生不仅要在课堂上学习知识,更要亲身参与活动体验知识的实际运用,这不仅能让学生对所学知识更感兴趣,而且能培养他们对任务的责任心和完成任务的决心。当学生参与感兴趣的活动时,他们更容易全身心投入其中。这种参与不仅让学生在实践中学到知识和技能,还使他们更深刻地认识到自己的兴趣所在。通过参与各类活动,学生能够找到真正激发他们热情的领域,从而更好地认识自己的兴趣和志向。例如,成都市泡桐树小学六年级二班的施同学表示,自己除了在校内认真学习外,还积极参加社会实践活动,令她记忆最深的实践活动包括在公园开展调查、在小区里义卖气球、在电视台录制节目等,丰富的社会实践活动不仅让她体验到了快乐,也让她知道每一步的积累都是向自己的理想迈近了一步。

(二)挖掘潜能,认识自我

典型事件是学生潜能的具体体现。在不同的活动中,学生可能会面临各种挑战,需要展现出自己的创造力、领导力、团队协作等潜能。通过这些经历,学生能够发现自己在各个方面的潜力,从而实现全面发展。这种全面发展不仅涉及学科知识,还包括思维能力、情感智慧和社会技能的提升。例如,成都市花园(国际)小学五年级三班的一位同学因家庭破裂变得叛逆不羁,行为恶劣。加入足球队后,在教师的引导下,他逐渐懂得了责任和团队协作,开始努力学习,学业成绩取得巨大进步。同时,足球锻炼让他的身心都得到了磨砺。最终,他带领足球队在区比赛中获得冠军,为学校赢得了荣誉。通过足球,他不仅找到了梦想,更找到了和家庭的重聚之路。

（三）以评为始，发展自我

典型事件的写实记录实际上就是一种学生的回顾和反思。通过深入思考这些经历如何影响了他们的思想、技能、品德和兴趣，学生能够更全面地认识自己，不仅包括事件本身的成功和收获，还包括他们遇到的挑战和面对的困难。通过发现自己的长处和不足，学生可以更清晰地规划个人发展路径，制定具体的发展目标，使评价成为发展的起点。设定目标有助于学生更有目的地参与各类活动，从而更好地提升自己的综合素质。例如，成都市少城小学积极探索基于表现性评价的探究学习，通过"实践→评价→反思改进→再实践→再评价→再反思改进"这一评价内化、深度学习的过程，有效调动起学生学习内驱力，激发学生学习主动性，产生持久学习兴趣，提升自身核心素养与解决现实问题的能力。调查发现，90.2%的学生有兴趣进一步深入研究有难度的问题、73.8%的学生选择"动手操作"、62.2%的学生选择"创新活动"，仅有38.2%的学生选择"老师讲解"，学生的学习方式正在逐步发生变化，学习更加具有内驱力，更加倾向于动手动脑的学习方式，学习能力得到提升，高阶思维得到培养。

四、家长层面的成效

（一）反思家庭教育观念与行为，关注孩子全面发展

家庭社会经济地位（收入、教育、职业等）显著影响家长对孩子的教育期望、家庭教育内容和方式。基于典型事件的学生综合素质评价以明确的多维评价反馈，引导家长反思家庭教育观念与行为，使其认识到孩子综合素质发展的重要性，并调整自己的教育行为，更加关注孩子的全面发展。成都市青羊区教育科学研究院附属实验学校教师反映，在学生综合素质评价实施初期，多数学生家长不理解、不配合，认为学生综合素质评价增加了家长负担，多是在最

后期限随意上传甚或不上传孩子成长事件材料。同时,还有一部分家长功利心较强,上传孩子成长事件材料的态度取决于学生综合素质评价是否与孩子升学挂钩。经过一学期实践后,情况逐渐好转,家长从不理解学生综合素质评价,到关注相关信息,再到积极配合准备相关材料,最后积极主动上传相关内容。通过陪伴孩子参与体育锻炼、劳动教育、爱眼护眼"争章打卡"活动,在评价平台写实记录孩子成长事件材料,填写期末的"学生综合素质评价手册",成都市少城小学学生家长从原来只关注孩子的成绩,转变为关注孩子的综合表现,主动了解孩子更多维度的成长,与孩子聊天的话题也更多维。比如,关注孩子在学校参加的劳动与实践课程、获得的一张日常行为规范奖励卡等。

(二)发现孩子发展优势与不足,助其规划发展方向

多元化的评价内容、评价主体、评价方式、评价标准使得基于典型事件的学生综合素质评价能够勾画出每个孩子的全面发展状况,家长可以通过评价平台生成的"档案树""个人报表""学生综合素质报告"查看孩子的典型事件,并可在公示期内查看孩子同班同学的典型事件,进而发现孩子发展优势与不足。在基于典型事件的学生综合素质评价过程中,家长既是参与者,也是评价者,评价反馈能够引发家长的思考,帮助他们更深入地理解孩子的成长轨迹和发展潜力,从而激发有益的探讨,进而帮助孩子合理科学规划未来发展方向。例如,成都市石室联合成飞学校学生小虎聪明、好学,学习成绩很不错,但活力不足、满脸忧郁,从不主动举手回答问题,很少和同学一起玩,更难得笑一笑。针对这一情况,家长有意识地带小虎参加小区组织的"学雷锋,我为小区做清洁"志愿活动,鼓励小虎参加社区和医院组织的"小小中医师"体验活动等,通过参加各种社会实践活动,小虎变得越来越自信,越来越阳光,越来越愿意与人交往,学习成绩也变得更加优异了。

（三）重视与学校、社会联动，推进家校社协同育人

基于典型事件的学生综合素质评价，让家长认识到孩子的教育不仅发生在学校中，还发生在家庭和社会中，而且孩子的发展是一个动态的过程，需要家长重视与学校、社会联动。家长在提高家庭教育水平的同时，要主动协同学校教育、引导子女体验社会，推进家校社协同育人。家长与学校及时沟通孩子在家庭、学校和社会的信息，在全面了解和掌握孩子信息的基础上，双方同步采取有针对性的教育教学措施，让孩子在关爱中体验到自尊和相互间的信任，从而产生追求新目标和争取更大成功的强烈愿望。以成都市石室联合成飞学校为例，该校选取部分孩子案例，每天由家长负责填报、记录并向班主任上报孩子的各种事件，班主任从中遴选出孩子的典型事件，在此基础上，家长与班主任进行沟通并制定策略共同对孩子进行教育和指导，帮助孩子成长为更好的自己。

后　记

2009年，中国教育科学研究院与青羊区人民政府签署合作协议，青羊区成为西部首个教育综合改革实验区，至今已进入了第三轮合作，"基于典型事件的中小学生综合素质评价"项目被列为院区第三轮合作的重点项目，同时，本项目也承接了四川省教育科研重大课题"基于典型事件的中小学生综合素质评价实践研究"（川教函〔2019〕514号）、四川省教育评价改革研究专项课题"基于典型事件的中小学生综合素质评价范式研究"（2024JPG-A-003）、成都市教育科研规划精品课题"基于典型事件的中小学生综合素质评价范式研究"（CY2024J04）等课题的研究，依托教育部"信息技术支撑学生综合素质评价试点"、成都市社会科学界联合会"教育综合改革试验基地"，形成了本项目成果。本书是对青羊区中小学生综合素质评价项目的梳理与提炼。希望它能为其他地区的中小学生综合素质评价改革带来借鉴、启迪和思考。

本项目在研究的过程中，得到了青羊区教育局和中国教科院领导的高度重视和统筹规划，也得到了中国教科院驻青羊专家组的学术支持和实践指导。本书在撰写过程中，由成都市青羊区区委教育工委委员、区教育局党组成员、区教育科学研究院院长邵开泽与中国教科院教育评价与督导研究所所长张宁娟一起具体策划，成都市青羊区教育科学研究院副院长张航、王琪、叶剑及成都市青羊区教育技术装备与信息管理中心党委书记郭忠、党委副书记赵勇组织实施。在书稿撰写过程中，中国教科院教育评价与督导研究所的专家们深度指导和参与，她们是张文静博士、程蓓博士、王钰彤博士、郝静博士。

本书终稿第一章由张文静、杨顺莹完成,第二章由王钰彤、魏彤晨完成,第三章由张文静、黄晓燕完成,第四章由程蓓、仁青草完成,第五章由黄晓燕、仁青草、王钰彤完成,第六章由杨顺莹、仁青草、程蓓、张文静完成,第七章由黄晓燕、魏彤晨、郝静完成。全书统稿工作由叶剑、黄晓燕、仁青草完成。

本书在资料收集、材料撰写过程中得到了成都市青羊区教育科学研究院部分教研员、项目实验学校主研人员的全力支持。参与初稿撰写或提供支撑材料的教研员有:刘江、蒋娅、刘文可、刘小平、匡敏、蒋英、王璐。项目实验学校参与人员有:冯义、杜红叶、刘涛、李雪梅、郭宗艳、齐霞、钟怡、李丽、王丁星月。

院区共建的"基于典型事件的中小学生综合素质评价"项目实验单位在研究过程及书稿撰写过程中提供了重要支持。区内共15所中小学校、幼儿园作为项目实验学校积极参与了课题研究,它们是成都市泡桐树小学、成都市青羊实验中学附属小学、成都市少城小学、成都市石室联合成飞学校、成都市实验小学明道分校、成都市实验小学文苑分校、成都市青羊区教育科学研究院附属实验学校、成都市东城根街小学、成都市金沙小学、成都市泡桐树中学、成都市第三十七中学校、成都市第十一中学、成都市石室成飞中学、成都市泡桐树幼儿园、成都市第五幼儿园。

本书作为中国教育科学研究院与成都市青羊教育院区合作项目成果,在项目策划、立项、撰写、修改过程中得到了中国教科院高等教育研究所张男星所长、教育评价与督导研究所张宁娟所长的关心与支持,他们对课题的实施、方向的精准把握以及成果的广泛推广,倾注了极大的热情和心血,为整个研究过程及成果提炼贡献了坚强的学术指导力量。

最后,感谢每一位在研究过程中、在书稿撰写中给予我们帮助与支持的人。由于时间和水平有限,本书难免有不妥之处,请读者批评指正。

2024 年 9 月